KB210119

디지털과 AI 시대
지자체 국비(정책)공모사업 성공을 위한 실전 지침서

국비공모사업
이렇게 준비하라!

지역 활성화, 국비공모사업에 달려 있다!

오늘날 우리나라의 많은 지역이 인구 감소, 경제 침체, 그리고 사회적 불균형 등의 다양한 문제에 직면해 있다. 이러한 문제들은 단순히 특정 지역만의 문제가 아니라, 국가 전체의 지속 가능한 발전과 직결된 중대한 과제다. 이러한 상황에서 지역을 활성화하고, 주민들의 삶의 질을 높이는 데 있어 국비공모사업이 중요한 역할을 한다. 국비공모사업은 중앙정부가 지원하는 다양한 재정적 지원 프로그램으로, 각 지역의 특성과 필요에 맞는 사업을 발굴하고 실행할 기회를 제공한다.

국비공모사업은 지역이 직면한 문제를 해결하고, 새로운 성장 동력을 창출하는 데 필수적인 자원을 제공한다. 이 사업은 지역 발전의 중요한 동력이지만, 그 성공 여부는 지자체와 공공기관이 얼마나 전략적으로 준비하고 대응하느냐에 달려 있다. 단순히 예산이나 자금을 확보하는 데 그치는 것이 아니라, 이를 기반으로 지속 가능한 발전을 도모할 수 있는 체계적이고 실질적인 계획이 필요하다.

이 책은 지자체와 공공기관이 국비공모사업을 보다 효과적이고 전략적으로 준비해 선정 가능성을 높이고, 성공적인 실행을 통한 실질적인 성과를 창출할 수 있도록 돕기 위해 기획되었다. 지역 활성화를 목표로 하는 이들에게 국비공모사업의 중요성을 이해시키고, 성공적인 사업 추진을 위한 전략적 접근 방법을 제시하고자 한다.

1부에서는 국비공모사업이 왜 중요한지, 그리고 이를 통해 지역이 어떻게 변화할 수 있는지를 다룬다. "로컬의 시대"에 지역이 생존하고 발전하기 위한 전략을 제시하며, 뉴노멀 시대에 로컬 활성화의 필요성과 예산의 중요성을 강조한다. 또한, 국비공모사업의 편익과 파급효과를 설명하며 지자체가 이를 전략적으로 접근해야 하는 이유를 제시한다. 이를 통해 국비공모사업이 단순한 재정 지원을 넘어 지역의 장기적인 발전을 이끄는 중요한 도구임을 이해할 수 있다.

2부에서는 국비공모사업을 실제로 준비하고 접근하는 과정에서 보다 전략적인 준비와 대응을 통해 선정 가능성을 제고할 수 있는 실질적인 방법론을 다룬다. 최적의 팀 구성에서부터 구체적인 사업계획서 작성, 프레젠테이션 준비, 그리고 평가위원을 감동시키는 현장평가 대응까지, 국비공모사업의 단계별로 필요한 준비와 대응 방법을 상세히 설명한다.

이 과정에서 지자체가 주의해야 할 사항과 성공적인 사업 추진을 위한 실질적인 팁들을 제공하며, 차별화된 사업 콘셉트와 경쟁력을 갖춘 사업계획서 작성 방법도 소개한다.

이 책은 국비공모사업의 중요성과 그 성공을 위한 전략적 접근 방법을 제시하고 있다. 국비공모사업은 지역 발전을 위한 강력한 도구이지만, 이를 효과적으로 활용하기 위해서는 지자체와 공공기관의 전략적인 준비와 철저한 대응이 필수적이다. 성공적인 국비공모사업은 단순히 예산 확보에 그치는 것이 아니라, 지역사회의 장기적인 발전과 주민들의 삶의 질 향상에 기여해야 한다.

국비공모사업을 통해 지역이 직면한 문제들을 해결하고, 새로운 기회를 창출하며 지속 가능한 발전을 이룰 수 있다. 이를 위해서는 체계적인 환경 분석과 철저한 계획 수립, 그리고 주민 참여와 협력을 바탕으로 한 사업 추진이 필요하다. 또한 선정 이후에도 지속 가능한 운영과 성과 관리를 통해 사업의 성과를 극대화해야 한다.

마지막으로, 이 책이 지자체와 공공기관의 국비공모사업 준비와 실행에 실질적인 도움이 되기를 바란다. 지역 활성화는 단기간에 이루어지는 것이 아니라 지속적인 노력과 협력을 통해 달성될 수 있다. 국비공모사업을 통해 지역사회가 더욱 밝고 희망찬 미래를 향해 나아가기를 기대하며, 이 책이 그 여정에 작은 도움이 되기를 희망한다.

목차 CONTENTS

| 시작하며 |_4

제1부 | 왜 국비(정책) 공모사업인가?

01 뉴노멀, 로컬의 기회와 위협_14
  ●●● 로컬의 시대, 지역 생존전략_14
  ●●● 지역 소멸, 우리의 선택은?_17
  ●●● 뉴노멀시대 로컬 활성화_22
  ●●● MZ세대의 로컬 트렌드와 로컬의 기회_24
  ●●● 로컬 활성화, 예산 없이 할 수 없다!_28

02 국비공모사업 편익과 파급효과_33
  ●●● 국비공모사업은?_33
  ●●● 전략적인 준비가 필요한 이유_37
  ●●● 국비공모사업의 내용과 현황_41
  ●●● 수많은 국비공모사업, 우리는 어떻게_48
  ●●● 국비공모사업의 편익과 파급효과_53

03 국비공모, 전략적인 접근의 중요성_59
  ●●● 지자체장(시장, 군수)의 열정과 노력_59
  ●●● 공무원이 국비공모사업을 알아야 하는 이유_62
  ●●● 지자체의 전략적인 준비와 접근_65

　●● 공무원의 참여를 독려하는 방법_70
　●● 열정을 가진 지자체가 선정된다!_74

04 국비공모사업 왜 알아야 하나?_78
　●● 지역 발전과 한계 극복을 위한 필수 전략_78
　●● 공무원의 역량 강화와 성장 기회 제공_82
　●● 지자체와 공무원의 사명이자 책무_86
　●● 지역의 지속 가능성과 로컬브랜딩 강화_91

05 국비공모사업, 정보수집 및 분석_95
　●● 공모사업 정보수집 채널_95
　●● 공모 공고문, 지침서 정밀 분석 및 이해_100
　●● 타 지자체 선정 성공 사례 조사와 분석_106
　●● 관련 전문가, 전문기관 확인과 활용_110
　●● 실전 경험을 보유한 전문가, 전문기관의 활용_114

06 국비공모사업 준비, 지자체와 공무원의 마인드셋_120
　●● 왜 지자체, 공무원의 마인드셋인가?_120
　●● 지자체장인 시장, 군수의 마인드셋_124
　●● 공무원들의 마인드셋과 태도_128
　●● 역량 강화를 위한 교육과 워크숍_132
　●● 어떤 프로그램과 강사를 선정해야 하는가?_137

목차 CONTENTS

제2부 | 국비공모 사업계획서와 전략적인 접근

07 공모사업의 전략적인 준비와 대응_144

●● 최적의 T/F팀을 구축하라!_144

●● 준비 과제와 역할을 할당하라!_148

●● 이해관계자의 공감과 적극적인 참여를 이끌어라!_153

●● 선정 목표를 명확히 하고 집중하라!_157

●● 체계적인 준비 과정과 열정을 증명하라!_161

08 다른 지역과 다른 사업 콘셉트, 차별화_167

●● 로컬 활성화에서 콘셉트는?_167

●● 공모사업에서의 차별적인 콘셉트의 의미_170

●● 공모사업에서의 차별적인 콘셉트를 창출하는 방법_175

●● 지역 고유의 차별성과 지속 가능성을 담은 콘셉트_179

●● 주민 참여와 이해관계자와 함께하는 콘셉트_183

09 차별적인 공모사업계획서 작성_188

●● 공모사업에서 사업계획서의 중요성_188

●● 경쟁우위를 확보하기 위한 사업계획서 작성 팁_192

●● 심사위원의 공감과 설득을 이끄는 사업계획서_197

●● 공모사업계획서의 일반적인 구조와 내용_202

●● 공모사업의 필요성과 체계적인 환경 분석_207

●● 명확한 사업 목표와 비전, 세부 실행프로그램_212
●● 사업추진 거버넌스와 재원 조달, 예상 파급효과_216

10 열정과 매력을 담은 프레젠테이션_222
●● 국비공모사업에서 프레젠테이션의 중요성_222
●● 프레젠테이션의 준비와 자료 작성_226
●● 매력적인 프레젠테이션 자료의 요건_229
●● 누가 프레젠테이션을 할 것인가?_234
●● 심사위원을 설득하는 프레젠테이션 스킬_237
●● 질의응답에서 긍정적인 평가를 얻는 방법_243

11 평가위원을 감동시키는 현장평가_249
●● 국비공모사업에서 현장평가는?_249
●● 현장평가에서 주체, 지자체의 강력한 의지와 열정을 전달_257
●● 현장평가에서 감동을 불러일으키는 팁_261

12 지속 가능한 사업으로 지역을 활성화하라!_266
●● 국비공모사업 선정 후를 대비하라!_266
●● 국비공모사업 선정 후 사업 실패의 후유증_271
●● 지속 가능한 사업 중심의 국비공모사업 도전_275
●● 지속 가능한 사업으로 지역 활성화를 도모하라!_280

|에필로그|_284

제1부

왜 국비(정책)
공모사업인가?

- **01** 뉴노멀, 로컬의 기회와 위협

- **02** 국비공모사업 편익과 파급효과

- **03** 국비공모, 전략적인 접근의 중요성

- **04** 국비공모사업 왜 알아야 하나?

- **05** 국비공모사업, 정보수집 및 분석

- **06** 국비공모사업 준비, 지자체와 공무원의 마인드셋

01 뉴노멀, 로컬의 기회와 위협

⊛●● 로컬의 시대, 지역 생존전략

뉴노멀 시대가 도래하면서 지역의 역할과 중요성은 더욱 커지고 있다. 세계화와 디지털화의 흐름 속에서 지방자치단체와 지역사회는 새로운 기회와 위협에 직면하고 있다. 이에 따라 지역의 생존전략은 더욱 중요해졌다. 로컬의 시대에서 지역이 살아남기 위해서는 어떤 전략이 필요할까?

첫째, 지역의 고유한 자원을 활용한 차별화 전략이 필요하다. 각 지역은 고유의 문화, 역사, 자연환경 등을 가지고 있다. 이러한 자원들을 발굴하고 적극적으로 활용함으로써 다른 지역과 차별화된 경쟁력을 가질 수 있다. 예를 들어, 지역 특산품을 브랜드화하여 관광 자원으로 활용하거나, 전통문화를 현대적으로 재해석하여 문화산업으로 발전시킬 수 있다. 이를 위해서는 지역 주민과의 협력이 필수적이다. 지역 주민이 주체가 되어 지역 자원을 발굴하고, 이를 바탕으로 다양한 프로젝트를 추진할 때, 비로소 지속 가능한 발전이 가능해진다.

둘째, 디지털 전환을 통한 혁신 전략이 필요하다. 4차 산업혁명 시대에 디지털 기술은 지역의 경제와 사회를 혁신할 수 있는 중요한 도구가 된다. 스마트 시티 구축, 디지털 플랫폼을 활용한 지역경제 활성화, 온라인 교육과 원격 근무 시스템 도입 등은 지역의 경쟁력을 강화하는 데 큰 도움이 된다. 특히, 코로나19 팬데믹을 겪으면서 비대면 서비스와 온라인 활동의 중요성이 부각되었다. 이에 따라 지역자치단체는 디지털 인프라를 확충하고, 지역 주민들이 디지털 기술에 쉽게 접근하고 활용할 수 있도록 교육과 지원을 강화해야 한다.

셋째, 지역 간 협력과 네트워크 구축이 중요하다. 개별 지역이 단독으로 경쟁력을 갖추기보다는 인근 지역과의 협력과 연계를 통해 상생할 수 있는 전략이 필요하다. 이를 위해서는 지역 간 네트워크를 구축하고, 공동의 프로젝트를 추진하는 것이 효과적이다. 예를 들어, 인접한 지역들이 함께 관광 루트를 개발하거나, 공동 마케팅을 통해 지역 브랜드를 강화할 수 있다. 또한, 지역 간 자원과 인프라를 공유함으로써 비용을 절감하고 효율성을 높일 수 있다.

넷째, 지속 가능한 발전을 위한 생태 전략이 필요하다. 환경 문제는 전 세계적으로 중요한 이슈가 되고 있으며, 지역 차원에서도 이를 해결하기 위한 노력이 필요하다. 친환경 에너지 도입, 자원 순환 시스템 구축, 녹색 공간 확대 등은 지역의 환경을 보호하고, 주민들의 삶의 질을 높이는 데 기여할 수 있다. 또한, 이러한 생태 전략은 지역의 이미지를 긍정적으로 변화시키고 관광객과 투자자를 유치하는 데 도움이 된다.

다섯째, 지역 주민의 참여와 협력이 필수적이다. 지역의 발전은 단순히 행정기관의 노력만으로 이루어지지 않는다. 지역 주민이 주체적으로 참여하고, 협력할 때 비로소 실질적인 변화가 일어난다. 이를 위해서는 지역 주민들이 지역 문제에 관심을 갖고, 적극적으로 참여할 수 있도록 다양한 채널을 마련해야 한다. 주민 참여 예산제, 주민 총회, 온라인 플랫폼 등을 통해 주민들이 의견을 나누고 함께 해결책을 모색하는 과정이 중요하다.

이러한 전략들을 실현하기 위해서는 국비(성책)공모사업에 적극적으로 접근하고 대응하는 것이 중요하다. 국비공모사업은 중앙정부의 지원을 통해 지역 발전을 도모할 중요한 기회이다. 지역자치단체는 국비공모사업에 참여함으로써 필요한 재원을 확보하고 다양한 프로젝트를 추진할 수 있다. 또한, 중앙정부의 정책 방향과 일치하는 프로젝트를 제안함으로써 사업 선정 가능성을 높일 수 있다.

국비공모사업을 통해 지역 자원을 활용한 프로젝트를 추진하면 중앙정부의 지원을 받아 지역의 경쟁력을 강화할 수 있다. 예를 들어, 지역 특산품을 브랜드화하는 사업이나 전통문화를 현대적으로 재해석하는 프로젝트는 국비 지원을 통해 보다 효과적으로 추진할 수 있다. 또한, 디지털 전환을 위한 인프라 구축이나 스마트 시티 조성 사업도 국비공모사업을 통해 재원을 확보할 수 있다.

국비공모사업은 지역 간 협력과 네트워크 구축에도 중요한 역할을 한다. 인근 지역과 공동으로 사업을 추진하는 경우, 국비 지원을 통해 비용을 분담하고 시너지 효과를 높일 수 있다. 또한, 국비공모사업을 통해 추진된 프로젝트는 다른 지역과의 협력 모델로서도 중요한 사례가 될 수 있다.

뉴노멀 시대의 로컬은 단순히 생존을 넘어 새로운 기회와 도전을 맞이하고 있다. 이를 위해서는 고유한 자원의 활용, 디지털 전환, 지역 간 협력, 지속 가능한 발전, 그리고 주민 참여와 협력이라는 다섯 가지 전략이 필요하다. 이러한 전략을 실현하기 위해서는 국비(정책) 공모사업에 적극적으로 접근하고 대응하는 것이 중요하다. 이를 통해 지역은 변화하는 환경 속에서도 지속 가능한 발전을 이룰 수 있을 것이다.

●● 지역 소멸, 우리의 선택은?

뉴노멀 시대의 도래와 함께 지역 소멸이라는 심각한 위기가 많은 지방자치단체를 위협하고 있다. 인구 감소, 고령화, 경제 침체 등의 복합적인 요인들이 맞물려 지역사회는 생존의 기로에 서 있다. 이러한 위기 상황을 해결하지 않으면 많은 지역이 기능을 잃고 쇠퇴할 수밖에 없다.

따라서 우리는 지역 소멸 위기 상황의 심각성을 직시하고, 전략적인 대응을 통해 이를 극복해야 한다.

　먼저, 지역 소멸 위기 상황의 심각성을 이해해야 한다. 인구 감소는 지역 소멸의 가장 큰 원인이다. 출산율 저하와 젊은 층의 유출로 인해 많은 지역이 인구 감소 문제를 겪고 있다. 이는 노동력 부족과 소비 감소로 이어져 지역경제가 침체하는 악순환을 초래한다. 고령화 또한 심각한 문제로, 노인 인구 비율이 급증하면서 지역사회의 활력이 떨어지고 복지 부담이 증가하고 있다. 이러한 문제들은 단순히 지방자치단체의 문제가 아니라 국가 전체의 문제로 인식되어야 한다.

【행정안전부의 인구감소지역 : 89개소】

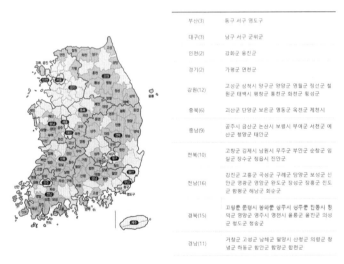

부산(3)	동구 서구 영도구
대구(3)	남구 서구 군위군
인천(2)	강화군 옹진군
경기(2)	가평군 연천군
강원(12)	고성군 상척시 양구군 양양군 영월군 정선군 철원군 대백시 평창군 홍천군 화천군 횡성군
충북(6)	괴산군 단양군 보은군 영동군 옥천군 제천시
충남(9)	공주시 금산군 논산시 보령시 부여군 서천군 예산군 청양군 태안군
전북(10)	고창군 김제시 남원시 무주군 부안군 순창군 임실군 장수군 정읍시 진안군
전남(16)	강진군 고흥군 곡성군 구례군 담양군 보성군 신안군 영광군 영암군 완도군 장성군 장흥군 진도군 함평군 해남군 화순군
경북(15)	고령군 문경시 봉화군 성주군 성주군 김천시 청덕군 영양군 영주시 영천시 울릉군 울진군 의성군 청도군 청송군
경남(11)	거창군 고성군 남해군 밀양시 산청군 의령군 창녕군 하동군 함안군 함양군 합천군

(관심지역 18개) 대전 동구, 인천 동구, 부산 중구, 부산 금정구, 광주 동구, 경남 통영시, 강원 강릉시, 강원 동해시, 대전 중구, 경북 경주시, 경남 사천시, 경북 김천시, 대전 대덕구, 강원 인제군, 전북 익산시, 경기 동두천시, 강원 속초시.

자료 : 행정안전부

••국비공모사업 이렇게 준비하라!

이러한 위기 상황을 극복하기 위해서는 전략적인 대응이 필요하다. 가장 먼저, 인구 유입을 위한 정책이 필요하다. 외부 인구를 유입할 수 있는 다양한 프로그램을 마련해야 한다. 예를 들어, 젊은 세대가 정착할 수 있도록 주택 지원, 일자리 창출, 교육 및 의료 인프라 개선 등의 정책을 시행해야 한다. 또한, 귀농·귀촌을 장려하는 프로그램을 통해 도시에서 지방으로의 인구 이동을 촉진할 수 있다. 국비공모사업을 통해 이러한 프로그램을 추진하면 중앙정부의 지원을 받아 재정적 부담을 덜 수 있다.

실제 정부는 2021년 인구감소지역 89개소와 관심지역 18개소를 정하고 2022년부터 향후 10년간 매년 1조 원의 지방소멸대응기금을 공모방식으로 지원하고 있다.

둘째, 지속 가능한 일자리 창출이 중요하다. 지역경제가 활력을 잃으면 주민들은 생계를 위해 지역을 떠날 수밖에 없다. 따라서 지역 내에서 지속 가능한 일자리를 창출하는 것이 필요하다. 이를 위해서는 지역 특화 산업을 육성하고 중소기업과 스타트업을 지원하는 정책이 중요하다. 예를 들어, 농업과 관광업을 연계한 새로운 사업모델을 개발하거나 지역 자원을 활용한 특화 산업을 육성하는 방안이 있다. 국비공모사업은 이러한 일자리 창출 프로젝트를 추진하는 데 필요한 재원을 제공할 수 있다.

셋째, 지역 교육과 문화의 질을 높이는 것이 중요하다. 교육과 문화는 인구 유입의 중요한 요소이다. 우수한 교육 기관과 풍부한 문화 자원은 지역의 매력을 높이는 데 기여한다. 따라서 지역 내 교육 환경을 개선하고, 다양한 문화 프로그램을 제공하는 것이 필요하다. 예를 들어, 지역 대학과 협력하여 교육 프로그램을 개발하거나, 문화 예술 행사와 축제를 통해 지역의 매력을 높일 수 있다. 이러한 프로젝트는 국비공모사업을 통해 추진할 수 있으며, 중앙정부의 지원을 받아 보다 효과적으로 시행할 수 있다.

넷째, 지속 가능한 발전을 위한 환경 보호 전략이 필요하다. 환경 문제는 지역 소멸을 가속화 할 수 있는 요인 중 하나이다. 친환경 에너지 도입, 자원 순환 시스템 구축, 녹색 공간 확대 등은 지역의 환경을 보호하고, 주민들의 삶의 질을 높이는 데 기여힐 수 있다. 또한, 이러한 생태 전략은 지역의 이미지를 긍정적으로 변화시키고, 관광객과 투자자를 유치하는 데 도움이 된다. 이를 위해서는 국비공모사업을 통해 필요한 재원을 확보하고, 중앙정부와 협력하여 다양한 생태 프로젝트를 추진할 수 있다.

다섯째, 지역사회의 연대와 협력 강화가 중요하다. 지역 문제를 해결하기 위해서는 지역 주민들의 적극적인 참여와 협력이 필수적이다. 주민들이 지역 문제에 관심을 가지고, 해결책을 모색하는 과정에 참여할 때 보다 실질적인 변화를 이끌어낼 수 있다. 이를 위해서는 주민 참여 예산제, 주민 총회, 온라인 플랫폼 등을 통해 주민들이 의견을 나누고 함께 해결책을 모색하는 기회를 제공해야 한다. 또한, 지역 리더십을 발굴하고, 주민들이 주체적으로 프로젝트를 추진할 수 있도록 지원하는 것이 중요하다.

마지막으로, 지역 간 협력과 네트워크 구축이 필요하다. 인근 지역과의 협력과 연계를 통해 상생할 수 있는 전략을 마련해야 한다. 예를 들어, 인접한 지역들이 함께 관광 루트를 개발하거나 공동 마케팅을 통해 지역 브랜드를 강화할 수 있다. 또한, 지역 간 자원과 인프라를 공유함으로써 비용을 절감하고 효율성을 높일 수 있다. 국비공모사업을 통해 이러한 협력 프로젝트를 추진하면 재정적 부담을 줄이고 보다 안정적으로 사업을 진행할 수 있다.

지역 소멸의 위기는 단순히 피할 수 없는 운명이 아니다. 우리는 인구 유입 정책, 지속 가능한 일자리 창출, 교육과 문화의 질 향상, 환경 보호 전략, 주민 참여와 협력, 그리고 지역 간 협력이라는 여섯 가지 전략을 통해 이 위기를 극복할 수 있다. 특히, 국비(정책) 공모사업은 이러한 전략들을 실현하는 데 중요한 역할을 한다. 중앙정부의 지원을 받아 지역자치단체는 재정적 부담을 덜고 보다 효과적으로 프로젝트를 추진할 수 있다.

◉●● 뉴노멀시대 로컬 활성화

뉴노멀시대가 도래하면서 지역사회는 급격한 변화와 도전에 직면하고 있다. 글로벌 경제의 불확실성, 디지털 전환의 가속화, 인구구조의 변화 등 외부 환경은 지역에 새로운 기회와 위협을 동시에 제공하고 있다. 이러한 상황에서 로컬의 활성화는 필수적이며 이를 위해서는 전략적인 접근이 필요하다.

| 로컬의 상황과 여건

첫째, 많은 지역이 인구 감소와 고령화 문제를 겪고 있다. 젊은 층의 도시 이수로 인해 노농력 부속과 소비 감소가 발생하며, 이는 지역경제의 활력을 약화시키고 있다. 동시에 고령화가 진행되면서 복지 서비스 수요는 증가하지만 이를 뒷받침할 인프라와 재정은 부족한 상황이다.

둘째, 경기 침체가 지속되면서 지역 산업의 경쟁력이 약화되고 있다. 특히, 전통적인 제조업이나 1차 산업에 의존하는 지역은 글로벌 경쟁에서 뒤처지며 경제적 활로를 찾기 어려워지고 있다.

셋째, 디지털 격차가 심화되고 있다. 디지털 전환이 가속화되면서 도시와 농촌 간의 디지털 인프라 격차가 커지고 이는 경제 및 사회적 불평등을 심화시키고 있다.

| 성공적인 로컬 활성화를 위한 접근 전략

- 통합적 인구 유입 전략: 주택, 일자리, 교육, 의료 등 여러 측면에서 종합적인 지원을 제공하여 외부 인구를 유입시키고 지역 내 인구구조를 개선한다.

- 디지털 전환 추진: 스마트 시티 구축과 디지털 플랫폼 활성화를 통해 지역경제를 혁신하고 디지털 격차를 해소한다. 이를 통해 지역 주민들의 삶의 질을 향상시키고, 외부 기업과의 협력을 촉진한다.

- 지역 특화 산업 육성: 각 지역의 고유한 자원과 특성을 바탕으로 경쟁력 있는 특화 산업을 육성하여 경제적 기반을 강화한다. 이를 통해 일자리 창출과 경제 활성화를 도모한다.

- 친환경 발전 전략: 재생 가능 에너지 도입, 자원 순환 시스템 구축, 녹색 공간 확대 등을 통해 환경을 보호하고 지속 가능한 발전을 이룬다. 이러한 전략은 지역의 이미지를 개선하고 관광객과 투자자를 유치하는 데 도움이 된다.

- 지역 간 협력 강화: 인근 지역과의 협력과 네트워크 구축을 통해 상생할 수 있는 전략을 마련한다. 자원과 인프라를 공유하고 공동 프로젝트를 추진하여 효율성을 높인다.

• 주민 참여와 협력 유도: 주민 참여 예산제, 주민 총회, 온라인 플랫폼 등을 통해 주민들의 의견을 나누고 협력하여 해결책을 모색하는 기회를 제공한다. 지역 리더십을 발굴하고 주민들이 주체적으로 프로젝트를 추진할 수 있도록 지원한다.

뉴노멀 시대의 로컬 활성화는 외부 환경의 변화와 지역의 상황을 반영한 전략적 접근이 필요하다. 인구 유입, 디지털 전환, 특화 산업 육성, 친환경 발전, 지역 간 협력, 주민 참여라는 여섯 가지 전략을 통해 로컬 활성화를 이루고 지속 가능한 발전을 도모할 수 있을 것이다.

●●● MZ세대의 로컬 트렌드와 로컬의 기회

뉴노멀 시대가 도래하면서 MZ세대(밀레니얼세대와 Z세대)의 가치관과 라이프스타일이 주목받고 있다. 이 세대는 디지털 네이티브로서 기술의 발전과 글로벌화의 영향을 깊게 받고 있으며, 이러한 특징은 지역사회와 경제에도 큰 변화를 가져오고 있다. MZ세대의 로컬 트렌드와 이로 인한 로컬의 기회 요인을 살펴보는 것은 앞으로의 지역 활성화 전략을 마련하는 데 중요하다.

| MZ세대의 특성과 가치관

MZ세대는 디지털 환경에 익숙하며, 기술을 활용한 소통과 정보 습득에 능숙하다. 이들은 전통적인 가치관보다 개인의 자유와 자율성을 중시하며 경험과 가치를 중요하게 여긴다. 또한, 환경 보호와 사회적 책임에 대한 관심이 높아 지속 가능성을 중시하는 경향이 있다. 이러한 특성은 로컬 트렌드와 맞물려 새로운 기회를 창출할 수 있다.

| 로컬 트렌드의 변화

첫째, 지역 커뮤니티에 대한 관심 증가이다. MZ세대는 대도시의 번잡함보다는 소규모 커뮤니티의 따뜻함과 친밀감을 선호하는 경향이 있다. 이는 지역사회에 대한 관심과 참여로 이어지며 로컬 커뮤니티의 중요성을 부각한다. 지역 축제, 마켓, 문화 행사 등에 적극적으로 참여하고, 지역 상점을 이용하는 등 지역경제에 활력을 불어넣고 있다.

둘째, 디지털 기반의 로컬 경험이다. MZ세대는 디지털 기술을 활용하여 로컬 경험을 확대하고 있다. 소셜 미디어를 통해 지역 정보를 공유하고 온라인 플랫폼을 통해 지역 상품과 서비스를 소비한다. 이는 지역 브랜드의 가치를 높이고 지역 특산품과 관광 자원을 전 세계에 홍보하는 데 중요한 역할을 한다. 또한, 디지털 노마드와 같은 새로운 라이프스타일이 등장하면서 일과 생활을 병행할 수 있는 지역의 매력이 부각되고 있다.

셋째, 지속 가능성과 친환경 소비이다. MZ세대는 환경 보호와 지속 가능성에 대한 관심이 높아 로컬에서 생산되는 친환경 제품과 서비스를 선호한다. 이는 지역 농산물 직거래, 친환경 공방, 지속 가능한 관광 등의 트렌드로 이어지고 있다. 지역 자원과 환경을 보호하면서도 경제적 가치를 창출하는 기회를 제공하고 있다.

넷째, 창의적이고 독창적인 로컬 문화이다. MZ세대는 전통적인 문화보다는 창의적이고 독창적인 문화를 선호한다. 지역의 독특한 문화와 예술을 현대적으로 재해석하여 새로운 콘텐츠로 발전시키는 경향이 있다. 이는 지역 예술가와 창작자들에게 새로운 기회를 제공하며 지역 문화의 가치를 높이는 데 기여한다.

| 로컬의 기회 요인

이러한 MZ세대의 트렌드는 지역에 새로운 기회를 제공한다.

첫째, 로컬브랜드의 강화이다. MZ세대는 지역 고유의 특성과 가치를 중시하며 이를 반영한 로컬브랜드를 선호한다. 지역 자원을 활용한 특산품, 전통문화를 현대적으로 재해석한 제품 등은 MZ세대의 소비 성향에 맞추어 경쟁력을 가질 수 있다.

둘째, 디지털 플랫폼을 통한 로컬 마케팅이다. MZ세대는 소셜 미디어와 온라인 플랫폼을 통해 정보를 습득하고 제품과 서비스를 소비한

• • 국비공모사업 이렇게 준비하라!

다. 따라서 지역 상품과 서비스를 디지털 플랫폼을 통해 효과적으로 홍보하고 판매할 수 있는 전략이 필요하다. 온라인 커뮤니티를 활용하여 지역 문화를 홍보하고 지역 상점과 관광지를 소개하는 등 디지털 마케팅을 강화해야 한다.

셋째, 친환경 및 지속 가능한 지역 발전이다. MZ세대의 친환경 소비 트렌드에 맞추어 지역에서는 친환경 제품과 서비스를 개발하고 제공해야 한다. 이는 지역경제 활성화뿐만 아니라 지속 가능한 발전을 이루는 데도 기여할 수 있다. 예를 들어, 친환경 농업, 재생 가능 에너지 도입, 자원 순환 시스템 구축 등이 있다.

넷째, 창의성과 독창성을 통한 지역 문화 발전이다. MZ세대는 창의적이고 독창적인 문화를 선호하며 이를 통해 지역 문화의 가치를 높일 수 있다. 지역 예술가와 창작자들이 전통문화를 현대적으로 재해석하여 새로운 콘텐츠를 창출하는 것이 중요하다. 이는 지역 문화의 지속 가능성을 높이고, 관광객을 유치하는 데 기여할 수 있다.

뉴노멀 시대의 도래와 함께 MZ세대의 트렌드는 로컬에 새로운 기회를 제공하고 있다. 이 세대의 특성과 가치관을 반영한 로컬 활성화 전략을 마련하는 것이 중요하다. 지역 커뮤니티에 대한 관심 증가, 디지털 기반의 로컬 경험, 지속 가능성과 친환경 소비, 창의적이고 독창적인 로컬 문화 등은 지역에 새로운 가능성을 열어주고 있다. 이를 바탕으로 지역자치단체와 주민들은 MZ세대의 요구와 기대에 부응하는 정책과 프로그램을 개발하여 지속 가능한 로컬 활성화를 이룰 수 있을 것이다. 뉴노멀 시대의 변화와 도전에 대응하며 지역사회가 새로운 기회를 잡고 발전해 나가는 모습을 기대해 본다.

◦●● 로컬 활성화, 예산 없이 할 수 없다!

뉴노멀 시대와 MZ세대의 특성을 반영한 로컬 활성화의 필요성은 분명해졌다. 그러나 아무리 좋은 아이디어와 전략이 있더라도 이를 실현하기 위한 재정적 뒷받침이 없다면 실행 가능성은 극히 낮아진다. 로컬 활성화는 단순히 아이디어나 주민 참여만으로 이루어질 수 없으며 실질적인 재정 지원이 필수적이다. 예산 확보는 로컬 활성화의 성패를 좌우하는 핵심 요소이며 이를 위해서는 중앙정부의 국비 지원과 정책 공모사업의 적극적인 활용이 필요하다.

| 로컬 활성화를 위한 예산의 필요성

첫째, 로컬 상권 활성화 기반 구축과 콘텐츠 강화이다. 로컬 상권의 활성화를 위해서는 상권 내 인프라 개선과 더불어 매력적인 콘텐츠를 제공하는 것이 중요하다. 예를 들어, 지역 상점의 리모델링, 상권 내 도로 및 주차장 정비, 와이파이 설치 등 기본 인프라를 개선해야 한다. 또한, 지역 특산물과 연계한 마켓, 플리마켓, 로컬 축제 등 매력적인 콘텐츠를 개발하여 소비자들이 자주 찾고 싶은 공간으로 만들어야 한다. 이를 위해서는 예산이 필요하며, 국비공모사업을 통해 재원을 확보할 수 있다.

둘째, 로컬 관광 인프라 및 특화 경험 인프라와 콘텐츠 창출이다. 지역의 관광 자원을 효과적으로 활용하고, 이를 통해 경제적 이익을 창출하기 위해서는 관광 인프라와 콘텐츠가 필요하다. 예를 들어, 지역의 자연경관을 활용한 생태 관광, 역사와 문화를 체험할 수 있는 관광 코스, 지역 축제를 통한 문화 관광 등이 있다. 또한, 관광객이 머물며 체험할 수 있는 숙박 시설과 체험 프로그램도 중요하다. 이러한 인프라와 콘텐츠를 구축하기 위해서는 막대한 예산이 필요하며 국비공모사업을 통해 이를 추진할 수 있다.

셋째, 주민 복지 증진을 위한 사회기반 및 문화시설의 확충이다. 주민들의 삶의 질을 높이기 위해서는 복지시설과 문화시설이 필요하다. 예를 들어, 어린이집, 노인복지센터, 주민자치센터 등의 사회기반시설과 도서관, 문화센터, 공연장 등의 문화시설을 확충해야 한다. 이러한 시설들은 주민들의 복지와 문화생활을 지원하며 지역사회의 결속력을 강화하는 데 기여한다. 이러한 시설들을 구축하고 운영하기 위해서는 지속적인 예산 지원이 필요하다.

넷째, 지역 주민 건강증진 시설의 확충이다. 주민들의 건강을 증진하기 위해서는 체육시설과 의료시설이 필요하다. 예를 들어, 지역 내 공공 체육관, 헬스장, 야외 운동시설 등을 확충하여 주민들이 쉽게 접근할 수 있도록 해야 한다. 또한, 지역 병원과 보건소의 시설을 개선하고 주민들에게 양질의 의료 서비스를 제공할 수 있도록 해야 한다. 이러한 건강증진 시설들은 주민들의 삶의 질을 높이고 지역사회의 활력을 유지하는 데 중요한 역할을 한다.

| 국비 지원과 정책 공모사업의 중요성

로컬 활성화를 위한 예산 확보는 중앙정부의 지원 없이는 불가능하다. 따라서 지방자치단체는 국비 지원과 정책 공모사업에 적극적으로 참여해야 한다. 국비 지원과 정책 공모사업은 지역 발전을 위한 재정을 확보할 중요한 기회이며, 이를 통해 다양한 프로젝트를 추진할 수 있다.

첫째, 중앙정부의 정책 방향과 일치하는 프로젝트를 제안해야 한다. 국비공모사업에 선정되기 위해서는 중앙정부의 정책 방향과 일치하는 프로젝트를 제안하는 것이 중요하다. 예를 들어, 디지털 전환, 친환경 에너지 도입, 지속 가능한 발전 등 중앙정부가 중점적으로 추진하는 분야에 맞춘 프로젝트를 제안하면 선정 가능성이 높아진다. 이를 위해서는 중앙정부의 정책 동향을 지속적으로 모니터링하고 이에 맞춘 전략을 수립해야 한다.

둘째, 효과적인 사업 계획과 실행 방안 마련이 필요하다. 국비공모사업에 참여할 때는 명확한 사업 계획과 실행 방안을 제시해야 한다. 이를 위해서는 지역의 특성과 필요를 반영한 구체적인 계획을 수립하고, 이를 실행하기 위한 세부 방안을 마련해야 한다. 사업계획서에는 목표, 기대 효과, 예산 사용 계획, 실행 일정 등을 포함해야 하며 이를 통해 사업의 실효성을 입증할 수 있어야 한다.

셋째, 지역 주민과의 협력 강화가 중요하다. 국비공모사업을 추진할 때는 지역 주민의 참여와 협력을 이끌어내는 것이 중요하다. 주민들의 의견을 반영한 프로젝트는 현실성이 높아지며 실행 과정에서의 협력도 원활해진다. 이를 위해 주민 참여 예산제, 공청회 등을 통해 주민들의 의견을 수렴하고 이를 반영한 사업 계획을 수립해야 한다.

넷째, 성과 관리와 평가 체계 구축이 필요하다. 국비공모사업을 통해 추진된 프로젝트는 성과를 관리하고 평가하는 체계를 구축해야 한다. 이를 통해 사업의 진행 상황을 점검하고 문제점을 개선할 수 있다. 또한, 성과 관리와 평가는 중앙정부에 대한 보고서 작성 시 중요한 자료로 활용될 수 있으며 향후 추가 지원을 받는 데에도 유리하게 작용할 수 있다.

로컬 활성화는 단순한 아이디어나 주민 참여만으로 이루어질 수 없다. 실질적인 변화를 이루기 위해서는 재정적 지원이 필수적이며, 이를 위해 중앙정부의 국비 지원과 정책 공모사업의 적극적인 활용이 필요하다. 로컬 상권 활성화, 관광 인프라 및 특화 경험 인프라 창출, 주민 복지 및 건강증진시설 등 로컬 활성화를 위한 다양한 프로젝트를 추진하기 위해서는 막대한 예산이 필요하다. 따라서 지방자치단체는 중앙정부의 정책 방향에 맞춘 구체적인 사업 계획을 수립하고, 이를 통해 국비공모사업에 적극적으로 참여해야 한다. 뉴노멀 시대의 도전과 기회를 맞이하여 로컬 활성화를 통해 지역사회가 지속 가능한 미래를 만들어 나갈 수 있기를 기대한다.

02 국비공모사업 편익과 파급효과

●● 국비공모사업은?

국비공모사업은 중앙정부가 지방자치단체나 공공기관, 민간 단체 등을 대상으로 시행하는 공모사업으로, 다양한 분야에 걸쳐 중앙정부의 예산을 지원받아 추진되는 프로젝트를 말한다. 이러한 사업은 지역 발전과 국가 정책 목표를 달성하기 위한 중요한 수단으로 자리 잡고 있다. 국비공모사업은 지역사회의 발전을 도모하고, 주민들의 삶의 질을 향상시키며, 국가 전체의 균형 발전을 추구하는 데 중요한 역할을 한다.

| 국비공모사업의 개념과 목적

국비공모사업은 중앙정부의 예산을 활용하여 지방자치단체나 공공기관, 민간 단체 등이 제안한 프로젝트를 지원하는 형태로 이루어진다. 이러한 사업은 다양한 분야에 걸쳐 있으며, 관광, 지역, 상권, 도시재생, 복지, 환경, 문화, 경제 등 여러 방면에서 추진된다.

국비공모사업의 주요 목적은 다음과 같다.

• 지역 균형 발전: 국비공모사업은 중앙과 지방의 균형 있는 발전을 도모하기 위해 시행된다. 이를 통해 지역 간 격차를 줄이고, 각 지역의 고유한 특성과 자원을 활용하여 균형 잡힌 발전을 이루고자 한다.

• 사회 문제 해결: 국비공모사업은 사회적 문제를 해결하고, 주민들의 삶의 질을 향상시키는 것을 목표로 한다. 예를 들어, 교육 기회의 확대, 복지 서비스의 개선, 환경 보호 등의 분야에서 다양한 프로젝트가 추진된다.

• 경제 활성화: 국비공보사업은 지역경제를 활성화하고, 일자리를 창출하며, 지역 산업을 육성하는 데 기여한다. 이를 통해 지역 주민들의 소득을 증대시키고 경제적 자립을 도모한다.

• 혁신과 창의성 촉진: 국비공모사업은 혁신적이고 창의적인 아이디어를 발굴하고, 이를 실현하는 데 중점을 둔다. 이를 통해 새로운 기술과 산업을 육성하고 국가 전체의 경쟁력을 강화한다.

| 국비공모사업의 특징

국비공모사업은 몇 가지 중요한 특징을 가지고 있다.

• 경쟁성: 국비공모사업은 경쟁을 통해 선정된다. 지방자치단체나 공공기관, 민간 단체 등이 제출한 사업계획서를 심사하여 우수한 프로젝트를 선정하고 예산을 지원한다. 이는 한정된 예산을 효과적으로 배분하고 높은 성과를 기대할 수 있는 프로젝트를 추진하기 위함이다.

• 목표 지향성: 국비공모사업은 중앙정부의 정책 목표와 일치하는 프로젝트를 지원한다. 이를 통해 정부의 정책 방향에 부합하는 사업을 추진하고 국가 전체의 발전 목표를 달성하는 데 기여한다.

• 성과 중심: 국비공모사업은 성과를 중시한다. 프로젝트의 계획 단계에서부터 실행·평가에 이르기까지 명확한 목표와 기대 효과를 설정하고, 이를 기반으로 성과를 관리한다. 이는 예산의 효율적인 사용을 보장하고 사업의 실효성을 높이는 데 기여한다.

• 다양성: 국비공모사업은 다양한 분야에서 추진된다. 관광, 지역, 상권, 도시재생, 복지, 환경, 문화, 경제 등 여러 방면에서 다양한 프로젝트가 시행되며 이를 통해 사회 전반에 걸쳐 긍정적인 영향을 미친다.

| 국비공모사업의 중요성

국비공모사업은 여러 가지 측면에서 중요한 역할을 한다.

• 재정 지원: 국비공모사업은 지방자치단체나 공공기관, 민간 단체

등이 필요한 재정을 지원받을 수 있는 중요한 수단이다. 이를 통해 재정적 어려움을 겪고 있는 지역이나 기관이 필요한 프로젝트를 추진할 수 있다.

• 정책 연계: 국비공모사업은 중앙정부의 정책 목표와 연계되어 추진된다. 이를 통해 정부의 정책 방향을 지역 단위에서 실현하고 국가 전체의 발전 목표를 달성하는 데 기여한다.

• 지역 발전: 국비공모사업은 지역사회의 발전을 도모한다. 이를 통해 지역 주민들의 삶의 질을 향상시키고 지역경제를 활성화하며 지역 간 격차를 줄이는 데 기여한다.

• 혁신 촉진: 국비공모사업은 혁신적이고 창의적인 아이디어를 발굴하고 이를 실현하는 데 중점을 둔다. 이를 통해 새로운 기술과 산업을 육성하고 국가 전체의 경쟁력을 강화한다.

국비공모사업은 중앙정부의 예산을 활용하여 지방자치단체나 공공기관, 민간 단체 등이 추진하는 프로젝트로 지역 발전과 국가 정책 목표를 달성하기 위한 중요한 수단이다. 이를 통해 지역 균형 발전, 사회문제 해결, 경제 활성화, 혁신과 창의성 촉진 등의 목표를 이루고자 한다. 국비공모사업은 경쟁성을 바탕으로 우수한 프로젝트를 선정하며, 목표 지향성과 성과 중심의 접근을 통해 예산의 효율적인 사용을 보장한다. 다양한 분야에서 추진되는 국비공모사업은 지역사회에 긍정적인 영향을 미치며 국가 전체의 발전에 기여한다.

●●● 전략적인 준비가 필요한 이유

국비공모사업은 지역 발전과 국가 정책 목표를 달성하는 데 중요한 수단이다. 그러나 이러한 사업에 성공적으로 참여하고 선정되기 위해서는 철저하고 전략적인 준비가 필요하다. 왜냐하면 국비공모사업은 높은 경쟁률과 복잡한 심사 과정을 거치기 때문이다. 따라서 지방자치단체나 공공기관, 민간 단체는 성공적인 공모를 위해 전략적인 준비를 철저히 해야 한다.

| 1. 높은 경쟁률

국비공모사업은 많은 기관과 단체가 참여하는 경쟁적인 과정이다. 제한된 예산을 놓고 수많은 프로젝트가 경쟁하기 때문에 선정되기 위해서는 뛰어난 사업 계획과 차별화된 전략이 필요하다. 경쟁에서 우위를 점하기 위해서는 다음과 같은 준비가 필요하다.

• 철저한 사전 조사: 공모사업의 목적, 요구 사항, 평가 기준 등을 사전에 철저히 조사해야 한다. 이를 통해 어떤 프로젝트가 높은 평가를 받을 수 있는지 명확히 이해하고 이에 맞춘 계획을 수립해야 한다.

• 경쟁 분석: 경쟁 기관이나 단체의 강점과 약점을 분석하여 해당 지자체의 프로젝트가 경쟁에서 어떻게 차별화될 수 있을지 전략을 마련해야 한다.

| 2. 명확한 목표 설정과 계획 수립

국비공모사업에서 성공하기 위해서는 명확한 목표 설정과 구체적인 계획 수립이 필수적이다. 목표가 불명확하거나 계획이 구체적이지 않으면 심사위원들에게 신뢰를 주기 어렵다. 전략적 준비는 다음과 같은 요소를 포함해야 한다.

• 구체적인 목표 실정: 프로젝트의 목표를 명확히 정의하고 이를 통해 달성하고자 하는 바를 구체적으로 제시해야 한다.

• 세부 실행 계획: 프로젝트의 단계별 실행 계획을 상세히 작성하여 예산 사용 계획, 일정, 기대 효과 등을 명확히 제시해야 한다. 이는 심사위원들에게 프로젝트의 실현 가능성과 신뢰성을 증명하는 데 중요하다.

| 3. 예산 사용의 효율성 증명

국비공모사업은 예산의 효율적인 사용이 중요한 평가 기준 중 하나이다. 따라서 예산 사용의 효율성을 증명하기 위한 전략적 준비가 필요하다. 이를 위해 다음과 같은 접근이 필요하다.

- 비용–효과 분석: 프로젝트에 필요한 예산을 상세히 산정하고, 이를 통해 기대되는 효과를 명확히 제시해야 한다. 비용 대비 효과를 증명하는 자료를 준비하여 예산 사용의 타당성을 강조해야 한다.

- 투명한 예산 관리 계획: 예산의 사용 계획을 투명하게 작성하고 항목별로 명확한 예산 배분 계획을 제시해야 한다. 이는 예산 사용의 신뢰성을 높이는 데 중요하다.

| 4. 프로젝트의 지속 가능성 강조

국비공모사업은 단기적인 성과뿐만 아니라 프로젝트의 지속 가능성도 중요한 평가 기준이다. 따라서 프로젝트의 장기적인 운영 계획과 지속 가능한 발전 전략을 강조하는 것이 필요하다.

- 지속 가능한 운영 계획: 프로젝트가 종료된 후에도 지속적으로 운영될 방안을 제시해야 한다. 이를 위해 필요한 자원, 인력, 예산 등을 명확히 계획해야 한다.

- 지속 가능한 발전 전략: 프로젝트가 지역사회나 해당 분야에 지속 가능한 긍정적 영향을 미칠 방안을 제시해야 한다. 예를 들어, 환경 보호, 지역경제 활성화, 주민 복지 향상 등 다양한 측면에서 지속 가능

한 발전을 도모하는 전략을 포함해야 한다.

| 5. 이해관계자와의 협력 강화

국비공모사업의 성공적인 추진을 위해서는 다양한 이해관계자와의 협력이 중요하다. 이해관계자들의 지지와 협력을 이끌어내기 위한 전략적 준비가 필요하다.

• 주민 참여와 협력: 프로젝트가 주민들의 실질적인 필요와 요구를 반영하고 주민들이 적극적으로 참여할 수 있도록 해야 한다. 이를 위해 주민 의견 수렴 과정과 참여 방안을 마련해야 한다.

• 다양한 파트너십 구축: 지역사회, 기업, 학계 등 다양한 이해관계자들과의 파트너십을 구축하여 프로젝트의 실현 가능성과 효과성을 높여야 한다. 이를 통해 자원과 역량을 공유하고 프로젝트의 성공 가능성을 높일 수 있다.

| 6. 명확한 성과 측정 및 평가 계획

국비공모사업의 성과를 측정하고 평가하는 계획을 명확히 제시하는 것도 중요한 전략적 준비 요소이다. 이를 통해 프로젝트의 실효성과 기대 효과를 증명할 수 있다.

• 성과 지표 설정: 프로젝트의 성과를 객관적으로 측정할 수 있는 지표를 설정하고, 이를 통해 기대 효과를 명확히 제시해야 한다. 성과 지표는 구체적이고 측정 가능해야 한다.

• 평가 계획 마련: 프로젝트의 진행 상황과 성과를 지속적으로 평가할 수 있는 계획을 마련해야 한다. 이를 통해 문제점을 신속히 파악하고 개선 방안을 마련할 수 있다.

국비공모사업에 성공적으로 참여하고 선정되기 위해서는 철저하고 전략적인 준비가 필수적이다. 높은 경쟁률과 복잡한 심사 과정을 고려할 때, 사전 조사, 목표 설정, 예산 사용 계획, 지속 가능성, 이해관계자 협력, 성과 측정 등 다양한 측면에서 철저한 준비가 필요하다. 이러한 전략적 준비를 통해 국비공모사업에 선정될 가능성을 높이고 지역 발전과 국가 정책 목표를 달성할 수 있을 것이다.

●● 국비공모사업의 내용과 현황

국비공모사업은 중앙정부가 지방자치단체, 공공기관, 민간 단체 등을 대상으로 다양한 분야의 프로젝트를 공모하고 지원하는 사업이다. 이러한 사업은 지역 발전과 국가 정책 목표를 달성하는 데 중요한 역할을 하며, 사회적, 경제적, 환경적 측면에서 다양한 효과를 가져온다.

| 1. 국비공모사업의 주요 내용

국비공모사업은 여러 분야에서 추진되며 각 분야의 특성에 맞춘 다양한 프로젝트가 포함된다. 주요 분야는 다음과 같다.

1) 경제 분야

• 지역경제 활성화: 중소기업과 스타트업 지원, 지역 특화 산업 육성 등을 통해 지역경제를 활성화하고 일자리를 창출한다.

• 전통시장 및 지역상권 활성화: 지역의 전통시장 및 원도심의 지역 상권, 골목상권 활성화를 통해 지역경제의 활력을 제고하고, 지역의 매력을 통해 외부 관광객 등을 유입한다.

• 관광 산업 개발: 지역의 관광 자원을 활용하여 관광 인프라를 구축하고 관광객 유치를 통해 지역경제에 활력을 불어넣는다.

2) 복지 분야

• 사회복지 서비스 확대: 노인, 장애인, 아동 등 사회적 약자를 위한 복지 서비스를 확충하고 이들의 삶의 질을 향상시킨다.

• 건강증진 프로그램: 지역 주민들의 건강을 증진시키기 위한 다양한 프로그램을 지원하여 건강한 지역사회를 조성한다.

3) 환경 분야

• 친환경 에너지 도입: 태양광, 풍력 등 재생 가능 에너지를 도입하여 에너지 자립을 도모하고 환경 보호에 기여한다.

• 자원 순환 시스템 구축: 쓰레기 처리, 재활용 시스템 등을 개선하여 자원의 효율적 사용을 촉진하고 지속 가능한 발전을 추구한다.

4) 교육 분야

• 교육 인프라 확충: 학교 시설 개선, 첨단 교육 장비 도입, 디지털 교육 인프라 구축 등을 지원하여 교육 환경을 개선하고 학생들의 학습 기회를 확대한다.

• 교육 프로그램 개발: 창의적이고 혁신적인 교육 프로그램을 개발하고 이를 통해 학생들의 역량을 강화하며 미래 인재를 양성하는 데 기여한다.

5) 문화 분야

• 문화유산 보호 및 활용: 지역의 문화유산을 보호하고 이를 활용한 문화 콘텐츠를 개발하여 지역의 문화적 가치를 높인다.

• 문화 예술 지원: 지역 예술가와 창작자를 지원하여 창의적인 문화 예술 활동을 촉진하고 지역의 문화적 다양성을 증진한다.

6) 도시재생 및 지역 활성화 분야

• 도시재생사업: 지역 원도심의 재생과 활력 제고를 위한 주거환경 개선, 인프라 및 커뮤니티 활성화, 상권 활력 제고 등의 사업을 추진한다.

• 농촌 중심지, 어촌뉴딜사업 등: 지역의 중요거점 및 환경 개선, 신규 사업모델 개발 등을 통해 지역 활성화를 지원한다.

7) 지방/인구 소멸 대응 분야

• 지방소멸 대응 기금 : 정부는 지방소멸 대응을 위한 인구소멸 지역의 다양한 인구유입 증가 사업 예산을 매년 1조원씩 지원하고 있다.

• 생활인구 유입 지원 등 : 지역의 활성화 및 생활인구 유입을 위한 워케이션, 각종 인구유입 기반 시설 및 콘텐츠 창출을 지원한다.

| 2. 국비공모사업의 현황

현재 국비공모사업은 중앙정부의 다양한 부처와 기관에서 활발하게 추진되고 있으며, 각 부처와 기관별로 특화된 공모사업을 운영하고 있다. 주요 부처와 기관별 국비공모사업 현황은 다음과 같다.

1) 중소벤처기업부

중소벤처기업부는 스타트업 및 벤처 창업 기반 조성 및 강화, 전통시장 및 상권 활력 제고, 소상공인 육성 및 지원, 중소기업 경쟁력 강화 등 다양한 사업을 지원하고 있다.

- 예: 전통시장 및 상점가 지원, 상권활성화사업, 소공인복합지원센터 조성 등

2) 보건복지부

보건복지부는 노인, 장애인, 아동 등 사회적 약자를 위한 복지 서비스를 확충하고 주민 건강증진 프로그램을 지원하는 국비공모사업을 운영하고 있다.

- 예: 지역사회 통합돌봄 선도사업, 건강생활지원센터 설치 사업

3) 환경부

환경부는 친환경 에너지 도입, 자원 순환 시스템 구축 등을 지원하는 국비공모사업을 운영하여 지속 가능한 발전을 도모하고 있다.

- 예: 재생에너지 지원 사업, 자원순환사회 전환 촉진 사업

4) 산업통상자원부

산업통상자원부는 중소기업과 지역 산업 지원, 지역 특화 산업 육성 등을 통해 지역경제를 활성화하는 국비공모사업을 운영하고 있다.

- 예: 스마트공장 보급 확산 사업, 지역산업 육성 지원 사업

5) 문화체육관광부

문화체육관광부는 문화유산 보호 및 활용, 문화 예술 지원, 관광인 프라 및 콘텐츠 육성 등을 위한 국비공모사업을 운영하여 지역의 문화 적 가치를 높이고 있다.

- 예: 지역 문화재 활용사업, 예술인 창작 지원 사업, 스마트관광도 시, 관광두레사업

6) 교육부

교육부는 학교 시설 개선, 첨단 교육 장비 도입, 디지털 교육 인프라 구축 등을 위한 국비공모사업을 운영하고 있다. 이를 통해 교육 환경 을 개선하고 학생들의 학습 기회를 확대하고 있다.

- 예: 디지털교과서 개발 사업, 미래형 스마트 스쿨 구축 사업

7) 행정안전부

행정안전부는 인구소멸지역과 관심지역을 지정하고 매년 1조원규모 의 지방소멸대응기금을 지원하고 그 외에도 다양한 사업을 지원하고 있다

- 예: 지발소멸대응기금, 고향올래사업, 생활권 단위 로컬브랜딩 활 성화사업, 청년마을만들기사업 등

8) 기타

국토교통부, 해양수산부, 농림축산부 등 정부 각 부처가 다양한 국

비공모사업을 운영하고 있다.

| 3. 국비공모사업의 성과와 도전 과제

국비공모사업은 다양한 분야에서 지역 발전과 국가 정책 목표 달성에 기여하고 있다. 주요 성과는 다음과 같다.

• 지역 균형 발전: 국비공모사업을 통해 지역 간 격차를 줄이고 각 지역의 고유한 특성과 자원을 활용한 균형 잡힌 발전을 도모하고 있다.

• 사회적 문제 해결: 교육, 복지, 환경 등 다양한 분야에서 사회적 문제를 해결하고 주민들의 삶의 질을 향상시키고 있다.

• 경제 활성화: 지역경제를 활성화하고 일자리를 창출하여 지역 주민들의 소득을 증대시키고 있다.

• 문화적 가치 증진: 지역의 문화유산을 보호하고 창의적인 문화 예술 활동을 촉진하여 지역의 문화적 가치를 높이고 있다.

그러나 국비공모사업은 몇 가지 도전 과제도 안고 있다.

• 예산의 한계: 제한된 예산으로 인해 모든 지역과 프로젝트에 충분한 지원을 제공하기 어려운 상황이다.

• 평가와 성과 관리: 국비공모사업의 성과를 객관적으로 평가하고 지속적으로 관리하기 위한 체계가 필요하다.

• 지속 가능성: 단기적인 성과뿐만 아니라 프로젝트의 장기적인 지속 가능성을 보장하기 위한 전략이 필요하다.

• 협력과 소통: 중앙정부와 지방자치단체, 공공기관, 민간 단체 간의 협력과 소통을 강화하여 프로젝트의 효과성을 높여야 한다.

국비공모사업은 다양한 분야에서 지역 발전과 국가 정책 목표를 달성하는 데 중요한 역할을 하고 있다. 각 부처와 기관에서 운영하는 국비공모사업을 통해 관광, 지역, 상권, 도시재생, 복지, 환경, 경제, 문화 등 여러 방면에서 긍정적인 성과를 이루고 있다. 그러나 예산의 한계, 평가와 성과 관리, 지속 가능성, 협력과 소통 등 몇 가지 도전 과제를 해결하기 위한 노력이 필요하다.

◉ ● ● 수많은 국비공모사업, 우리는 어떻게

국비공모사업은 다양한 분야에서 지역 발전과 국가 정책 목표 달성을 위해 추진되고 있다. 이러한 사업에 성공적으로 참여하기 위해서는 전략적 접근이 필요하다. 수많은 국비공모사업 중에서 우리 지역에 적합한 사업을 선택하고 효과적으로 준비하는 방법에 대해 살펴본다.

| 1. 사업 선택의 중요성

첫째, 지역의 특성과 필요에 맞는 사업을 선택하는 것이 중요하다. 각 지역은 고유한 자원과 특성을 가지고 있으며 이에 맞는 사업을 선택해야 효과를 극대화할 수 있다. 예를 들어, 농업이 발달한 지역은 농업 관련 국비공모사업에 집중하고 관광 자원이 풍부한 지역은 관광 산업 관련 사업을 선택하는 것이 바람직하다.

둘째, 중앙정부의 정책 방향과 일치하는 사업을 선택해야 한다. 국비 공모사업은 중앙정부의 정책 목표와 연계되어 추진되기 때문에 정부의 정책 방향을 파악하고 이에 맞는 사업을 선택하면 선정 가능성이 높아진다. 이를 위해 정부의 정책 동향을 지속적으로 모니터링하고 정책 목표에 부합하는 사업을 제안하는 것이 중요하다.

| 2. 효과적인 사업 계획 수립

사업을 선택한 후에는 효과적인 사업 계획을 수립해야 한다. 이는 공모사업 선정의 핵심 요소로 작용하며 철저하고 구체적인 계획이 필요하다.

첫째, 명확한 목표 설정이다. 사업의 목표를 명확히 정의하고 이를 통해 달성하고자 하는 바를 구체적으로 제시해야 한다. 목표는 측정 가능하고, 구체적이며, 실현 가능한 내용으로 설정하는 것이 중요하다.

둘째, 세부 실행 계획 마련이다. 프로젝트의 단계별 실행 계획을 상세히 작성하여 예산 사용 계획, 일정, 기대 효과 등을 명확히 제시해야 한다. 실행 계획은 구체적이고 현실성 있게 작성해야 하며 단계별로 필요한 자원과 인력을 명확히 할당해야 한다.

셋째, 예산 사용의 효율성 증명이다. 국비공모사업에서는 예산 사용의 효율성이 중요한 평가 기준 중 하나이다. 따라서 예산 사용 계획을 명확히 제시하고 비용 대비 효과를 증명하는 자료를 준비해야 한다. 이를 통해 예산 사용의 타당성을 강조하고 심사위원들에게 신뢰를 줄 수 있다.

| 3. 협력과 소통 강화

국비공모사업의 성공적인 추진을 위해서는 다양한 이해관계자와의 협력이 필수적이다. 이를 위해 다음과 같은 전략이 필요하다.

첫째, 주민 참여와 협력이다. 프로젝트가 주민들의 실질적이 필요와 요구를 반영하고 주민들이 적극적으로 참여할 수 있도록 해야 한다. 이를 위해 주민 의견 수렴 과정과 참여 방안을 마련하고 주민들이 프로젝트에 대한 소속감과 책임감을 가질 수 있도록 유도해야 한다.

• • 국비공모사업 이렇게 준비하라!

둘째, 다양한 파트너십 구축이다. 지역사회, 기업, 학계 등 다양한 이해관계자들과의 파트너십을 구축하여 프로젝트의 실현 가능성과 효과성을 높여야 한다. 이를 통해 자원과 역량을 공유하고 프로젝트의 성공 가능성을 높일 수 있다.

| 4. 지속 가능한 발전 전략 마련

국비공모사업은 단기적인 성과뿐만 아니라 프로젝트의 지속 가능성도 중요한 평가 기준이다. 따라서 프로젝트의 장기적인 운영 계획과 지속 가능한 발전 전략을 마련하는 것이 필요하다.

첫째, 지속 가능한 운영 계획을 마련해야 한다. 프로젝트가 종료된 후에도 지속적으로 운영할 방안을 제시하고 이를 위해 필요한 자원, 인력, 예산 등을 명확히 계획해야 한다.

둘째, 지속 가능한 발전 전략을 수립해야 한다. 프로젝트가 지역사회나 해당 분야에 지속적으로 긍정적 영향을 미치는 방안을 제시하고 환경 보호, 지역경제 활성화, 주민 복지 향상 등 다양한 측면에서 지속 가능한 발전을 도모해야 한다.

| 5. 성과 측정 및 평가 체계 구축

국비공모사업의 성과를 측정하고 평가하는 계획을 명확히 제시하는 것도 중요한 전략적 준비 요소이다. 이를 통해 프로젝트의 실효성과 기대 효과를 증명할 수 있다.

첫째, 성과 지표 설정이다. 프로젝트의 성과를 객관적으로 측정할 수 있는 지표를 설정하고, 이를 통해 기대 효과를 명확히 제시해야 한다. 성과 지표는 구체적이고 측정 가능해야 한다.

둘째, 평가 계획 마련이다. 프로젝트의 진행 상황과 성과를 지속적으로 평가할 수 있는 계획을 마련하고, 이를 통해 문제점을 신속히 파악하고 개선 방안을 마련할 수 있다.

| 6. 국비공모사업 정보 수집 및 관리 시스템 구축

수많은 국비공모사업 중에서 우리 지역에 적합한 사업을 선택하기 위해서는 최신 정보를 지속적으로 수집하고, 이를 효과적으로 관리하는 시스템이 필요하다.

첫째, 정보수집 채널 구축이다. 중앙정부와 각 부처의 웹사이트, 공모사업 관련 뉴스레터, 관련 기관과의 네트워크 등을 통해 최신 공모사업 정보를 수집해야 한다. 이를 통해 다양한 사업 기회를 파악하고 적절한 시기에 신청할 수 있다.

둘째, 정보관리 시스템 구축이다. 수집한 정보를 체계적으로 관리하고, 각 공모사업의 세부 내용을 정리하여 필요할 때 신속히 접근할 수 있는 시스템을 구축해야 한다. 이를 통해 효율적으로 사업을 준비하고 공모 기회를 놓치지 않을 수 있다.

수많은 국비공모사업 중에서 성공적으로 참여하고 선정되기 위해서는 전략적 접근이 필요하다. 지역의 특성과 필요에 맞는 사업을 선택하고 효과적인 사업 계획을 수립하며, 다양한 이해관계자와의 협력과 소통을 강화하는 것이 중요하다. 또한, 지속 가능한 발전 전략을 마련하고 성과 측정 및 평가 체계를 구축하여 프로젝트의 실효성과 기대 효과를 증명해야 한다. 이를 위해 최신 정보를 지속적으로 수집하고 체계적으로 관리하는 시스템을 구축하는 것이 필요하다. 이러한 전략적 접근을 통해 국비공모사업에 성공적으로 참여하고 지역 발전과 국가 정책 목표를 달성할 수 있을 것이다.

● ● 국비공모사업의 편익과 파급효과

국비공모사업은 중앙정부가 제공하는 재정 지원을 통해 지방자치단체나 공공기관, 민간 단체 등이 추진하는 프로젝트로, 다양한 분야에서 지역사회와 국가 전체에 걸쳐 여러 가지 편익과 파급효과를 가져온다. 국비공모사업이 제공하는 주요 편익과 그 파급효과는 다음과 같다.

| 1. 지역경제 활성화

국비공모사업은 지역경제를 활성화하는 데 중요한 역할을 한다. 주요 편익과 파급효과는 다음과 같다.

• 일자리 창출: 국비공모사업을 통해 다양한 프로젝트가 추진되면서 지역 내 일자리가 창출된다. 이는 실업률을 낮추고, 지역 주민들의 소득을 증대시키는 데 기여한다.

• 지역 산업 육성: 국비공모사업은 지역 특화 산업을 육성하고 중소기업과 스타트업을 지원하는 데 중요한 역할을 한다. 이를 통해 지역경제의 자생력을 높이고, 지속 가능한 경제 성장을 도모할 수 있다.

• 지역 자원 활용: 국비공모사업은 지역의 고유한 자원과 특성을 활용한 프로젝트를 지원한다. 이를 통해 지역 자원의 가치를 극대화하고 경제적 부가가치를 창출할 수 있다.

| 2. 사회적 문제 해결

국비공모사업은 다양한 사회적 문제를 해결하는 데 기여한다. 주요 편익과 파급효과는 다음과 같다.

• 복지 서비스 확대: 노인, 장애인, 아동 등 사회적 약자를 위한 복

지 서비스를 확충하여 이들의 삶의 질을 향상시킨다. 이를 통해 사회적 평등을 실현하고 사회적 안정성을 높일 수 있다.

• 건강증진: 주민들의 건강을 증진시키기 위한 다양한 프로그램과 시설을 지원하여 건강한 지역사회를 조성한다. 이는 지역 주민들의 삶의 질을 높이고 의료비 부담을 줄이는 데 기여한다.

• 교육 기회 확대: 국비공모사업을 통해 교육 인프라를 개선하고, 다양한 교육 프로그램을 지원함으로써 모든 계층의 학생들이 양질의 교육을 받을 수 있도록 한다. 이는 인재 양성과 사회적 이동성을 높이는 데 중요한 역할을 한다.

| 3. 환경 보호와 지속 가능한 발전

국비공모사업은 환경 보호와 지속 가능한 발전을 도모하는 다양한 프로젝트를 지원한다. 주요 편익과 파급효과는 다음과 같다.

• 친환경 에너지 도입: 재생 가능 에너지를 도입하여 에너지 자립을 도모하고, 탄소 배출을 줄이는 데 기여한다. 이는 기후 변화에 대응하고 환경을 보호하는 데 중요한 역할을 한다.

• 자원 순환 시스템 구축: 자원의 효율적 사용을 촉진하고, 폐기물 감소와 재활용을 통해 자원 순환 시스템을 구축한다. 이는 자원 낭비

를 줄이고 지속 가능한 발전을 도모하는 데 기여한다.

• 환경 교육과 인식 제고: 국비공모사업을 통해 환경 교육 프로그램을 운영하고, 주민들의 환경 인식을 제고하는 데 기여한다. 이는 지역 사회의 환경 보호 노력을 강화하고 지속 가능한 생활 방식을 촉진하는 데 중요한 역할을 한다.

| 4. 문화와 예술의 발전

국비공모사업은 지역의 문화와 예술을 발전시키는 다양한 프로젝트를 지원한다. 주요 편익과 파급효과는 다음과 같다.

• 문화유산 보호와 활용: 지역의 문화유산을 보호하고, 이를 활용한 문화 콘텐츠를 개발하여 지역의 문화적 가치를 높인다. 이는 지역 주민들의 문화적 자긍심을 높이고 관광객 유치를 통해 경제적 이익을 창출할 수 있다.

• 예술 창작 지원: 지역 예술가와 창작자를 지원하여 창의적이고 독창적인 문화 예술 활동을 촉진한다. 이는 지역 문화의 다양성을 증진하고 문화 예술계의 활력을 높이는 데 기여한다.

• 문화 인프라 확충: 도서관, 문화센터, 공연장 등 문화 인프라를 확충하여 주민들이 다양한 문화 활동을 즐길 수 있도록 한다. 이는 주민

들의 삶의 질을 높이고 지역사회의 문화적 풍요로움을 증진하는 데 기여한다.

| 5. 주민 참여와 공동체 강화

국비공모사업은 주민 참여와 공동체 강화를 촉진하는 다양한 프로젝트를 지원한다. 주요 편익과 파급효과는 다음과 같다.

• 주민 참여 확대: 주민들이 지역사회의 문제 해결과 발전 과정에 적극적으로 참여할 수 있도록 다양한 참여 프로그램을 운영한다. 이는 주민들의 자긍심과 소속감을 높이고, 공동체 의식을 강화하는 데 기여한다.

• 공동체 복지 증진: 주민자치센터, 커뮤니티 공간 등 공동체 시설을 확충하여 주민들이 서로 소통하고 협력하는 기회를 제공한다. 이는 지역사회의 결속력을 강화하고, 공동체 복지를 증진하는 데 중요한 역할을 한다.

• 사회적 자본 형성: 국비공모사업을 통해 주민 간의 신뢰와 협력을 바탕으로 한 사회적 자본을 형성한다. 이는 지역사회의 안정성과 지속가능성을 높이는 데 기여한다.

국비공모사업은 다양한 분야에서 지역사회와 국가 전체에 걸쳐 많은 편익과 파급효과를 가져온다. 지역경제 활성화, 사회적 문제 해결, 환경 보호와 지속 가능한 발전, 문화와 예술의 발전, 주민 참여와 공동체 강화 등 여러 측면에서 긍정적인 영향을 미친다.

이를 통해 지역사회는 발전하고 주민들의 삶의 질이 향상되며 국가 전체의 균형 발전이 도모된다. 따라서 국비공모사업의 중요성을 인식하고 이를 효과적으로 활용하는 전략이 필요하다. 이러한 전략적 접근을 통해 국비공모사업의 편익과 파급효과를 극대화하고 지속 가능한 발전을 이룰 수 있을 것이다.

03 국비공모, 전략적인 접근의 중요성

◉◉◉ 지자체장(시장, 군수)의 열정과 노력

국비공모사업의 성공적인 참여와 선정은 지방자치단체의 발전에 중요한 기회가 된다. 이 과정에서 시장과 군수의 열정과 노력은 결정적인 역할을 한다. 지역의 최고 책임자인 시장과 군수가 국비공모사업에 적극적으로 참여하고, 이를 통해 지역 발전을 도모하는 것은 지자체의 미래를 바꾸는 중요한 요소가 된다.

| 1. 비전과 목표 설정

시장·군수는 지역 발전을 위한 명확한 비전과 목표를 설정해야 한다. 이를 통해 공무원과 주민들에게 지역의 방향성을 제시하고 공동의 목표를 향해 나아갈 수 있도록 이끌어야 한다. 예를 들어, 지역경제 활성화, 생활 환경 개선, 환경 보호 등 구체적인 목표를 설정하고, 이를 달성하기 위한 로드맵을 제시하는 것이 중요하다.

| 2. 적극적인 리더십 발휘

시장·군수는 국비공모사업의 필요성과 중요성을 인식하고, 이를 위해 적극적인 리더십을 발휘해야 한다. 공모사업 참여를 위해 필요한 자원과 지원을 아끼지 않고 제공하며 공무원들과 협력하여 효율적으로 사업을 추진해야 한다. 또한, 공모사업의 진행 상황을 지속적으로 모니터링하고 필요한 경우 즉각적인 결정을 내려 문제를 해결해야 한다.

| 3. 내부 조직 강화와 팀워크 촉진

시장·군수는 공모사업을 성공적으로 추진하기 위해 내부 조직을 강화하고 팀워크를 촉진해야 한다. 이를 위해 관련 부서 간의 협업을 강화하고 공모사업 전담팀을 구성하여 전문성과 효율성을 높여야 한다. 또한, 공무원들이 자신들의 역할과 책임을 명확히 이해하고 적극적으로 참여할 수 있도록 동기부여를 해야 한다.

| 4. 외부 자원과의 협력

시장·군수는 외부 자원과의 협력을 적극적으로 추진해야 한다. 이는 중앙정부, 연구 기관, 민간 기업 등과의 협력을 통해 공모사업의 성공 가능성을 높이는 데 기여할 수 있다. 예를 들어, 대학과 협력하여 지역 특화 산업을 육성하거나, 기업과의 파트너십을 통해 일자리 창출과 경제 활성화를 도모할 수 있다. 외부 자원과의 협력을 통해 공모사업의 전문성과 자원을 보완하고 시너지 효과를 창출할 수 있다.

| 5. 주민 참여와 소통 강화

시장·군수는 국비공모사업의 성공적인 추진을 위해 주민 참여와 소통을 강화해야 한다. 주민들의 의견을 수렴하고, 이를 반영한 사업 계획을 수립함으로써 공모사업의 실효성을 높일 수 있다. 또한, 주민들이 공모사업의 진행 상황과 성과를 이해하고, 함께 기여할 수 있도록 소통 채널을 마련해야 한다. 예를 들어, 주민 설명회, 공청회, 온라인 플랫폼 등을 통해 주민들과 지속적으로 소통하고 투명하게 정보를 공유해야 한다.

| 6. 지속적인 학습과 발전

시장·군수는 국비공모사업의 변화하는 트렌드와 요구에 맞추어 지속적으로 학습하고 발전해야 한다. 이를 위해 관련 교육과 연수를 통해 최신 정보를 습득하고 성공적인 사례를 벤치마킹하여 지역에 맞는 전략을 수립해야 한다. 또한, 다른 지자체와의 교류를 통해 경험과 노하우를 공유하고, 이를 통해 공모사업의 경쟁력을 높일 수 있다.

시장·군수의 열정과 노력은 국비공모사업의 성공적인 추진에 있어 결정적인 역할을 한다. 명확한 비전과 목표를 설정하고, 적극적인 리더십을 발휘하며, 내부 조직을 강화하고, 외부 자원과의 협력을 추진하는 것이 중요하다. 또한, 주민 참여와 소통을 강화하고, 지속적인 학습과 발전을 통해 공모사업의 경쟁력을 높여야 한다. 이러한 노력이 결실을 맺을 때 지자체는 국비공모사업을 통해 지역 발전을 도모하고 주민들의 삶의 질을 향상시킬 수 있을 것이다.

● ● ● 공무원이 국비공모사업을 알아야 하는 이유

국비공모사업은 지역 발전과 국가 정책 목표 달성을 위해 중요한 역할을 한다. 이러한 사업에 성공적으로 참여하기 위해서는 공무원들의 이해와 참여가 필수적이다. 공무원들이 국비공모사업에 대해 잘 알고 있어야 하는 이유는 여러 가지가 있으며, 이는 사업의 성공적인 추진과 지역 발전에 직접적인 영향을 미친다.

| 1. 지역 발전과 주민 복지 향상

공무원들이 국비공모사업에 대해 잘 알고 참여할 때 지역 발전과 주민 복지 향상이 가능해진다. 공무원들은 지역 주민들의 필요와 요구를 가장 잘 이해하고 있는 사람들로, 이들의 참여는 실질적인 문제 해결과 지역 발전을 도모하는 데 중요한 역할을 한다. 공무원들이 국비공모사업의 목적과 절차, 평가 기준 등을 잘 이해하고 있어야 지역에 적합한 사업을 선정하고 추진할 수 있다.

| 2. 예산 확보와 효율적 사용

국비공모사업은 중앙정부의 재정 지원을 받아 추진되는 사업으로 지자체의 재정 부담을 덜어줄 수 있다. 공무원들이 국비공모사업에 대해 잘 알고 참여할 때, 필요한 예산을 효과적으로 확보하고 이를 효율적으로 사용할 수 있다. 공무원들은 예산 사용 계획을 명확히 수립하고 예산의 효율성을 증명함으로써 중앙정부의 신뢰를 얻고 추가적인 지원을 받을 수 있다.

| 3. 프로젝트의 전문성과 신뢰성 확보

국비공모사업은 높은 전문성과 신뢰성을 요구한다. 공무원들이 국비공모사업의 절차와 요구 사항을 잘 이해하고, 이를 바탕으로 철저한 준비를 할 때 프로젝트의 전문성과 신뢰성을 확보할 수 있다. 이는 사업 선정 가능성을 높이고 성공적인 추진을 보장하는 데 중요한 요소이다. 공무원들은 관련 분야의 최신 정보와 기술을 습득하고 이를 사업 계획에 반영해야 한다.

| 4. 부서 간 협력과 통합 관리

국비공모사업의 성공적인 추진을 위해서는 다양한 부서 간의 협력이 필수적이다. 공무원들이 국비공모사업에 대해 잘 알고 있어야 부서 간의 협력을 효과적으로 조율하고 통합 관리할 수 있다. 이는 프로젝트의 효율성을 높이고 사업의 목표를 달성하는 데 중요한 역할을 한다. 공무원들은 각 부서의 역할과 책임을 명확히 하고 협력 체계를 구축하여 사업을 체계적으로 관리해야 한다.

| 5. 주민 참여와 소통 강화

공무원들이 국비공모사업에 대해 잘 알고 있어야 주민 참여와 소통을 효과적으로 강화할 수 있다. 주민들의 의견을 수렴하고, 이를 사업 계획에 반영함으로써 사업의 실효성을 높일 수 있다. 또한, 주민들에게 사업의 진행 상황과 성과를 투명하게 공유함으로써 주민들의 신뢰를 얻고 협력을 이끌어낼 수 있다. 공무원들은 주민 설명회, 공청회, 온라인 플랫폼 등을 통해 주민들과 지속적으로 소통해야 한다.

| 6. 성과 측정과 평가 체계 구축

국비공모사업의 성과를 측정하고 평가하는 체계를 구축하는 것은 공무원들의 중요한 역할 중 하나이다. 공무원들이 국비공모사업에 대해 잘 알고 있어야 객관적이고 체계적인 성과 측정과 평가가 가능해진다. 이를 통해 사업의 진행 상황을 지속적으로 모니터링하고 문제점을 신속히 파악하여 개선할 수 있다. 또한, 성과 평가 결과를 중앙정부에 보고함으로써 추가적인 지원을 받을 수 있는 기반을 마련할 수 있다.

| 7. 지속 가능한 발전 도모

공무원들이 국비공모사업에 대해 잘 알고 참여할 때 지속 가능한 발전을 도모할 수 있다. 공무원들은 사업의 단기적인 성과뿐만 아니라 장기적인 지속 가능성을 고려하여 계획을 수립하고 추진해야 한다. 이를 통해 지역사회의 환경, 경제, 사회적 측면에서 균형 잡힌 발전을 이루고 지속 가능한 미래를 만들어 나갈 수 있다.

공무원들이 국비공모사업에 대해 잘 알고 있어야 하는 이유는 명확하다. 이는 지역 발전과 주민 복지 향상, 예산 확보와 효율적 사용, 프로젝트의 전문성과 신뢰성 확보, 부서 간 협력과 통합 관리, 주민 참여와 소통 강화, 성과 측정과 평가 체계 구축, 지속 가능한 발전 도모 등 다양한 측면에서 중요한 역할을 한다. 공무원들이 국비공모사업에 대한 이해와 참여를 통해 지역사회의 발전과 국가 정책 목표 달성에 기여할 수 있을 것이다.

⬤●● 지자체의 전략적인 준비와 접근

국비공모사업은 지방자치단체가 중앙정부의 지원을 받아 지역 발전을 도모할 중요한 기회다. 하지만 수많은 경쟁 속에서 성공적으로 선정되기 위해서는 지자체의 전략적인 준비가 필수적이다. 체계적이고 철저한 준비 과정을 통해 지자체는 국비공모사업의 효과를 극대화하고 지역의 지속 가능한 발전을 이룰 수 있다.

| 1. 사전 조사와 분석

지자체의 전략적인 준비는 철저한 사전 조사와 분석에서 시작된다. 이는 공모사업의 성공 가능성을 높이는 중요한 단계다.

• 정부 정책과 우선순위 파악: 중앙정부의 최신 정책 동향과 우선순위를 파악하여 이에 맞춘 사업을 제안해야 한다. 이를 통해 정부의 지원을 받을 가능성을 높일 수 있다.

• 지역 현황 분석: 지역의 강점, 약점, 기회, 위협(SWOT 분석)을 통해 지역에 적합한 사업을 선정해야 한다. 지역 주민의 필요와 요구를 반영한 사업은 실효성을 높인다.

• 사례 연구: 다른 지자체의 성공적인 국비공모사업 사례를 연구하여 벤치마킹할 수 있다. 이를 통해 성공 요인을 분석하고 이를 자치 단체에 맞게 적용할 수 있다.

| 2. 명확한 목표와 비전 설정

지자체는 국비공모사업의 목표와 비전을 명확히 설정해야 한다. 이는 공모사업의 방향성을 제시하고 참여자들의 동기부여를 높이는 데 중요하다.

• 구체적인 목표 설정: 달성 가능한 구체적인 목표를 설정하고 이를 통해 지역 주민과 이해관계자들에게 명확한 방향을 제시해야 한다.

• 비전 제시: 장기적인 비전을 설정하여 국비공모사업이 지역 발전에 어떻게 기여할 것인지 명확히 설명해야 한다. 이는 중앙정부의 신뢰를 얻는 데 중요하다.

| 3. 전문성 확보와 역량 강화

국비공모사업의 성공적인 추진을 위해서는 전문성 확보와 역량 강화가 필수적이다.

• 전문 인력 확보: 국비공모사업을 전담할 전문 인력을 확보하고 이들의 역량을 강화해야 한다. 이를 위해 외부 전문가를 영입하거나 내부 인력을 교육하는 방안을 고려할 수 있다.

• 교육과 연수 프로그램: 공무원들이 국비공모사업에 대한 전문성을 갖출 수 있도록 교육과 연수 프로그램을 운영해야 한다. 최신 정보를 지속적으로 습득하고 실무 능력을 향상시키는 것이 중요하다.

| 4. 협력과 네트워크 구축

지자체는 다양한 이해관계자들과의 협력과 네트워크를 구축해야 한다. 이는 공모사업의 성공 가능성을 높이고 자원과 역량을 공유하는데 중요하다.

• 내부 협력 강화: 부서 간 협력을 강화하여 공모사업의 통합 관리를 도모해야 한다. 각 부서의 역할과 책임을 명확히 하고 협력 체계를 구축해야 한다.

• 외부 협력 네트워크 구축: 중앙정부, 연구 기관, 민간 기업 등과의 협력 네트워크를 구축하여 자원과 정보를 공유하고 프로젝트의 실현 가능성을 높여야 한다.

| 5. 체계적인 사업 계획 수립

체계적인 사업 계획 수립은 공모사업의 성공적인 추진을 위한 핵심 요소다.

• 구체적인 실행 계획: 단계별 실행 계획을 상세히 작성하고 예산 사용 계획, 일정, 기대 효과 등을 명확히 제시해야 한다.

• 성과 지표 설정: 프로젝트의 성과를 객관적으로 측정할 수 있는

지표를 설정하고 이를 통해 기대 효과를 명확히 제시해야 한다.

• 위험 관리 계획: 프로젝트 진행 중 발생할 수 있는 다양한 위험 요소를 식별하고 이를 관리하기 위한 대책을 마련해야 한다.

| 6. 주민 참여와 소통

지자체는 주민 참여와 소통을 강화하여 공모사업의 실효성을 높여야 한다.

• 주민 의견 수렴: 주민들의 의견을 수렴하고 이를 사업 계획에 반영함으로써 주민들의 지지를 얻을 수 있다. 주민 설명회, 공청회 등을 통해 주민들과 소통하는 것이 중요하다.

• 투명한 정보 공유: 공모사업의 진행 상황과 성과를 투명하게 공유하여 주민들의 신뢰를 얻고 협력을 이끌어내야 한다.

지자체의 전략적인 준비는 국비공모사업의 성공적인 참여와 선정에 필수적이다. 철저한 사전 조사와 분석, 명확한 목표와 비전 설정, 전문성 확보와 역량 강화, 협력과 네트워크 구축, 체계적인 사업 계획 수립, 주민 참여와 소통 등을 통해 지자체는 국비공모사업의 효과를 극대화할 수 있다.

●●● 공무원의 참여를 독려하는 방법

국비공모사업의 성공은 공무원들의 적극적인 참여와 협력에 크게 의존한다. 공무원들이 자신의 역할과 책임을 이해하고, 열정을 가지고 사업에 임할 때 지자체는 더 큰 성과를 얻을 수 있다. 공무원의 참여를 독려하기 위해서는 여러 가지 방법과 전략이 필요하다.

| 1. 명확한 비전과 목표 공유

공무원들이 국비공모사업에 적극적으로 참여하려면 사업의 비전과 목표를 명확히 이해해야 한다. 이를 위해 다음과 같은 방법이 필요하다.

• 비전 공유: 사업의 목적과 기대 효과를 명확히 설명하고, 이를 통해 지역사회에 기여할 수 있는 부분을 강조해야 한다. 비전 공유는 공무원들이 사업의 중요성을 이해하고 자신의 역할을 자각하게 만든다.

• 목표 설정: 구체적이고 측정 가능한 목표를 설정하고, 이를 공무원들과 공유한다. 명확한 목표는 공무원들이 무엇을 위해 노력해야 하는지를 명확히 인식하게 한다.

| 2. 교육과 역량 강화 프로그램 제공

공무원들이 국비공모사업에 자신감을 가지고 참여하려면 관련된 지식과 역량을 갖추는 것이 중요하다. 이를 위해 체계적인 교육과 연수 프로그램을 제공해야 한다.

• 전문 교육 제공: 국비공모사업의 절차, 평가 기준, 성공 사례 등을 교육하는 프로그램을 마련하여 공무원들이 필요한 지식을 습득할 수 있도록 한다.

• 연수 프로그램: 국내외의 성공적인 공모사업 사례를 학습하고, 벤치마킹할 수 있는 연수 프로그램을 운영하여 공무원들의 실무 역량을 강화한다.

| 3. 동기부여와 인센티브 제공

공무원들이 적극적으로 참여할 수 있도록 동기부여와 인센티브를 제공하는 것이 효과적이다.

• 성과 보상: 국비공모사업에서 성과를 낸 공무원들에게 보상과 인센티브를 제공하여 노력에 대한 인정과 보상을 받도록 한다. 이는 다른 공무원들에게도 동기부여가 된다.

• 승진 및 평가 반영: 공모사업에서의 성과를 공무원의 승진과 평가에 반영하여 국비공모사업 참여가 공직 생활에 긍정적인 영향을 미친다는 점을 명확히 한다.

| 4. 협력과 팀워크 강화

공무원들이 협력하고 팀워크를 발휘할 수 있는 환경을 조성하는 것
도 중요하다.

• 팀 구성: 국비공모사업 전담팀을 구성하여 각 부서와 협력할 수
있는 체계를 마련한다. 팀 구성은 공무원들이 함께 목표를 달성하는
데 필요한 협력과 소통을 촉진한다.

• 워크숍과 회의: 정기적인 워크숍과 회의를 통해 공무원들이 사업
진행 상황을 공유하고 문제를 해결하는 기회를 제공한다. 이는 공무원
들이 서로 협력하고 팀워크를 강화하는 데 도움이 된다.

| 5. 의사소통 채널 활성화

공무원들이 국비공모사업에 참여하는 과정에서 원활한 의사소통이
이루어져야 한다.

• 소통 채널 구축: 공모사업과 관련된 정보와 자료를 공유할 수 있는
내부 소통 채널을 구축하여, 공무원들이 필요한 정보를 신속하게 얻을
수 있도록 한다.

• 피드백 체계: 공무원들이 사업 진행 과정에서 겪는 문제나 아이디

어를 자유롭게 제안할 수 있는 피드백 체계를 마련하여 적극적인 참여를 유도한다.

| 6. 성과 공유와 성공 사례 확산

공무원들이 국비공모사업의 성과를 직접 체감하고 성공 사례를 학습할 수 있도록 하는 것도 중요하다.

• 성과 보고: 사업의 주요 성과를 정기적으로 보고하고 이를 통해 공무원들이 자신의 노력이 어떤 결과를 가져왔는지 확인할 수 있도록 한다.

• 성공 사례 발표: 성공적인 국비공모사업 사례를 발표하고 이를 통해 다른 공무원들에게도 동기부여를 제공한다. 성공 사례는 공무원들이 배울 수 있는 좋은 교훈이 된다.

공무원의 참여를 독려하는 것은 국비공모사업의 성공에 필수적이다. 이를 위해 명확한 비전과 목표를 공유하고, 교육과 역량 강화 프로그램을 제공하며, 동기부여와 인센티브를 통해 적극적인 참여를 유도해야 한다. 또한, 협력과 팀워크를 강화하고, 원활한 의사소통 채널을 구축하며, 성과를 공유하고 성공 사례를 확산하는 것이 중요하다. 이러한 전략을 통해 공무원들의 참여를 독려하고 국비공모사업의 성공을 이끌어낼 수 있을 것이다.

●●● 열정을 가진 지자체가 선정된다!

국비공모사업은 지역 발전과 주민 복지 향상을 위한 중요한 기회이다. 그러나 수많은 경쟁 속에서 성공적으로 선정되기 위해서는 지자체의 열정과 헌신이 필수적이다. 열정을 가진 지자체는 단순히 사업 제안을 넘어 지역 발전을 향한 강한 의지와 준비를 보여줄 수 있어야 한다.

| 1. 비전과 목표를 공유하는 열정

열정을 가진 지자체는 명확한 비전과 목표를 가지고 있다. 이는 단순한 행정적 절차를 넘어 지역사회와 주민들에게 희망과 방향성을 제시한다.

• 명확한 비전 설정: 지자체는 지역 발전을 위한 명확한 비전을 설정하고 이를 통해 공무원들과 주민들에게 목표를 공유해야 한다. 비전은 지자체의 열정과 의지를 반영하며 이를 통해 공모사업의 중요성을 강조할 수 있다.

• 목표 달성을 위한 구체적 계획: 비전과 목표를 달성하기 위한 구체적인 계획을 수립하고 이를 체계적으로 실행해 나가야 한다. 이는 중앙정부에 지자체의 의지와 능력을 증명하는 중요한 요소가 된다.

| 2. 철저한 준비와 전문성 확보

열정을 가진 지자체는 철저한 준비와 전문성 확보를 통해 공모사업의 성공 가능성을 높인다.

• 사전 준비 철저: 공모사업에 참여하기 위해 필요한 모든 자료와 정보를 철저히 준비해야 한다. 이는 사업 제안서 작성 시 중요한 기반이 되며, 심사위원들에게 신뢰를 줄 수 있다.

• 전문성 확보: 공무원들의 전문성을 강화하고 필요한 경우 외부 전문가의 도움을 받아 사업의 완성도를 높여야 한다. 전문성은 사업의 실현 가능성을 높이는 데 중요한 역할을 한다.

| 3. 주민과의 소통과 참여 유도

열정을 가진 지자체는 주민들과의 소통을 강화하고 이들의 참여를 적극적으로 유도한다.

• 주민 의견 수렴: 주민들의 의견을 수렴하고 이를 사업 계획에 반영함으로써 주민들의 지지를 얻을 수 있다. 이는 사업의 실효성을 높이는 데 중요한 요소이다.

• 소통 강화: 주민들과의 지속적인 소통을 통해 사업의 진행 상황을

공유하고 투명한 행정을 실현해야 한다. 이는 주민들의 신뢰를 얻고 협력을 이끌어내는 데 필수적이다.

| 4. 협력과 네트워크 구축

열정을 가진 지자체는 다양한 이해관계자들과의 협력을 통해 시너지 효과를 창출한다.

• 내부 협력 강화: 부서 간 협력을 강화하여 통합적인 접근을 도모해야 한다. 이를 통해 효율적인 자원 배분과 문제 해결이 가능해진다.

• 외부 네드워크 구축: 중앙정부, 연구 기관, 민간 기업 등과의 협력을 통해 자원과 정보를 공유하고, 프로젝트의 실현 가능성을 높여야 한다. 외부 네트워크는 지자체의 역량을 강화하는 데 중요한 역할을 한다.

| 5. 지속 가능한 발전을 위한 노력

열정을 가진 지자체는 단기적인 성과에 그치지 않고 지속 가능한 발전을 위한 노력을 기울인다.

• 지속 가능한 계획 수립: 사업이 종료된 후에도 지속적으로 운영될 수 있는 계획을 수립하고, 이를 통해 장기적인 발전을 도모해야 한다.

• 환경과 사회적 책임 고려: 환경 보호와 사회적 책임을 고려한 사업 계획을 수립하여 지속 가능한 발전을 이끌어야 한다. 이는 지역사회와 환경에 긍정적인 영향을 미치는 중요한 요소이다.

| 6. 성과 관리와 평가

열정을 가진 지자체는 철저한 성과 관리와 평가를 통해 사업의 실효성을 증명하고 지속적인 개선을 도모한다.

• 성과 지표 설정: 사업의 성과를 객관적으로 측정할 수 있는 지표를 설정하고 이를 통해 기대 효과를 명확히 제시해야 한다.

• 평가 체계 구축: 사업 진행 상황을 지속적으로 모니터링하고, 문제점을 신속히 파악하여 개선할 수 있는 평가 체계를 구축해야 한다. 이는 사업의 성공 가능성을 높이는 데 중요한 역할을 한다.

열정을 가진 지자체는 국비공모사업에서 성공을 거둘 가능성이 높다. 명확한 비전과 목표를 설정하고, 철저한 준비와 전문성을 갖추며, 주민들과의 소통과 협력을 강화하는 것이 중요하다. 또한, 지속 가능한 발전을 도모하고 철저한 성과 관리와 평가를 통해 사업의 실효성을 증명해야 한다. 이러한 열정과 노력을 통해 지자체는 국비공모사업을 통해 지역 발전과 주민 복지 향상을 이룰 수 있을 것이다.

04 국비공모사업 왜 알아야 하나?

◉●● 지역 발전과 한계 극복을 위한 필수 전략

지역 발전과 한계 극복은 모든 지방자치단체가 직면한 중요한 과제이다. 이를 달성히기 위해서는 다양한 전략과 노력이 필요하며 국비공모사업은 그중에서도 핵심적인 역할을 한다. 국비공모사업은 중앙정부의 재정 지원을 통해 지역의 고유한 문제를 해결하고 지속 가능한 발전을 도모할 수 있는 강력한 도구이다.

| 1. 재정 지원을 통한 경제 활성화

지자체는 한정된 예산과 자원으로 지역 발전을 추진하는 데 많은 어려움을 겪는다. 국비공모사업은 이러한 재정적 한계를 극복하는 데 중요한 역할을 한다.

• 재정적 지원 확보: 국비공모사업을 통해 중앙정부의 예산을 확보함으로써 지역 내 주요 프로젝트를 추진할 수 있다. 이는 지역경제 활성화와 일자리 창출에 직접적으로 기여한다.

• 경제적 부담 완화: 중앙정부의 재정 지원을 통해 지자체의 재정적 부담을 경감시키고, 이를 통해 보다 많은 자원을 주민 복지와 지역 발전에 투입할 수 있다.

| 2. 지역 특성에 맞는 맞춤형 발전

국비공모사업은 지역의 특성과 필요에 맞는 맞춤형 발전을 가능하게 한다. 이는 지자체가 직면한 고유한 문제를 효과적으로 해결하는 데 중요한 역할을 한다.

• 맞춤형 프로젝트 개발: 국비공모사업을 통해 지역의 특성에 맞는 프로젝트를 개발하고, 이를 통해 지역의 강점을 극대화할 수 있다. 예를 들어, 농촌 지역은 농업 기반의 프로젝트를, 도시 지역은 스마트 시티 구축 프로젝트를 추진할 수 있다.

• 문제 해결의 실효성 증대: 지역 주민의 요구와 필요에 맞춘 프로젝트를 추진함으로써 실질적인 문제 해결과 주민 만족도를 높일 수 있다.

3. 혁신과 창의성 촉진

국비공모사업은 지자체가 혁신적이고 창의적인 아이디어를 실현하는 데 중요한 기회를 제공한다.

• 혁신적인 솔루션 도입: 국비공모사업은 새로운 기술과 아이디어를 도입하여 지역 문제를 해결하는 기회를 제공한다. 이는 지역경제의 다각화와 경쟁력 강화에 기여한다.

• 창의적 접근 장려: 공모사업의 경쟁 과정은 지자체가 창의적이고 독창적인 접근을 통해 문제를 해결하도록 장려한다. 이는 지역사회의 지속 가능한 발전을 도모하는 데 중요한 역할을 한다.

4. 인프라 개선과 생활 환경 향상

국비공모사업은 지역의 인프라를 개선하고 주민들의 생활 환경을 향상시키는 데 큰 도움을 준다.

• 기반 시설 확충: 도로, 교통, 통신 등 지역의 기반 시설을 확충하고 개선하는 프로젝트를 추진함으로써 주민들의 생활 편의를 증진시킬 수 있다.

• 주거 환경 개선: 공모사업을 통해 주택, 공원, 문화시설 등 주민들

의 생활 환경을 개선하는 데 필요한 자원을 확보할 수 있다. 이는 주민들의 삶의 질을 높이고 지역의 매력을 증가시키는 데 기여한다.

| 5. 지역 간 격차 해소

국비공모사업은 지역 간 격차를 해소하고 균형 잡힌 발전을 도모하는 데 중요한 역할을 한다.

• 균형 발전 촉진: 재정적 지원과 맞춤형 프로젝트를 통해 상대적으로 낙후된 지역의 발전을 도모하고 지역 간 불균형을 해소할 수 있다.

• 사회적 통합 강화: 지역 간 격차 해소는 사회적 통합을 강화하고 전체 국가의 발전을 도모하는 데 중요한 역할을 한다.

| 6. 지속 가능한 발전 기반 마련

국비공모사업은 지자체가 지속 가능한 발전을 이루기 위한 기반을 마련하는 데 중요한 도구이다.

• 친환경 프로젝트 추진: 재생 가능 에너지 도입, 자원 순환 시스템 구축 등 친환경 프로젝트를 추진하여 환경 보호와 지속 가능한 발전을 도모할 수 있다.

• 장기적 발전 전략 수립: 국비공모사업을 통해 장기적인 발전 전략을 수립하고, 이를 통해 지역의 지속 가능한 성장을 도모할 수 있다.

국비공모사업은 지역 발전과 한계 극복을 위한 필수 전략이다. 재정 지원을 통한 경제 활성화, 지역 특성에 맞는 맞춤형 발전, 혁신과 창의성 촉진, 인프라 개선과 생활 환경 향상, 지역 간 격차 해소, 지속 가능한 발전 기반 마련 등 다양한 측면에서 지자체에 중요한 기회를 제공한다. 지자체는 국비공모사업을 통해 지역의 고유한 문제를 해결하고, 지속 가능한 발전을 도모하며, 주민들의 삶의 질을 향상시킬 수 있다.

◉◉◉ 공무원의 역량 강화와 성장 기회 제공

국비공모사업은 단지 지역 발전과 예산 확보의 수단만이 아니라, 공무원들에게도 중요한 학습과 성장의 기회를 제공한다. 공무원들은 이러한 사업을 통해 자신의 역량을 강화하고, 전문성을 높이며, 경력을 쌓을 수 있다. 공무원의 역량 강화와 성장은 궁극적으로 지자체의 성공적인 국비공모사업 수행과 지역 발전에 큰 기여를 하게 된다.

| 1. 전문성 향상과 실무 역량 강화

국비공모사업에 참여하는 과정은 공무원들이 전문성과 실무 역량을 높이는 데 중요한 기회를 제공한다.

• 복잡한 절차와 규정 이해: 국비공모사업은 다양한 절차와 규정을 포함하고 있어, 이를 준비하고 수행하는 과정에서 공무원들은 복잡한 행정 절차와 규정을 체계적으로 이해하게 된다.

• 프로젝트 관리 능력 강화: 국비공모사업을 성공적으로 수행하기 위해서는 프로젝트 관리 능력이 필수적이다. 예산 관리, 일정 관리, 인력 배치 등 다양한 프로젝트 관리 기술을 습득하게 된다.

| 2. 협력과 네트워킹 기회 제공

국비공모사업은 공무원들이 다양한 이해관계자와 협력하고 네트워킹을 구축하는 기회를 제공한다.

• 부서 간 협력 촉진: 공모사업은 여러 부서가 협력하여 추진하는 경우가 많아 부서 간 협력을 촉진하고, 조직 내 소통과 팀워크를 강화할 수 있다.

• 외부 기관과의 협력: 중앙정부, 연구 기관, 민간 기업 등 외부 기관과의 협력을 통해 다양한 자원과 정보를 공유하고 전문성을 확대할 수 있다. 이는 공무원들의 네트워크를 확장하고 다양한 분야의 전문가들과 교류할 기회를 제공한다.

| 3. 문제 해결 능력 배양

국비공모사업은 공무원들이 실제 현장에서 직면하는 다양한 문제를 해결하는 과정을 통해 문제 해결 능력을 배양할 수 있게 한다.

• 실제 문제 해결 경험: 사업을 수행하면서 발생하는 예상치 못한 문제들을 해결하는 경험은 공무원들의 문제 해결 능력을 강화하고 유연한 사고를 배양하는 데 도움이 된다.

• 창의적 접근법 개발: 제한된 자원과 시간 내에 목표를 달성하기 위해 창의적이고 혁신적인 접근법을 개발하는 능력을 키울 수 있다.

| 4. 성과 평가와 자기 발전

국비공모사업은 공무원들의 성과를 객관적으로 평가하고 자기 발전을 도모하는 기회를 제공한다.

• 성과 평가 시스템: 국비공모사업은 명확한 성과 목표와 평가 기준을 가지고 있어 공무원들이 자신의 업무 성과를 객관적으로 평가받을 수 있다. 이는 자신이 수행한 업무의 성과를 명확히 인식하고 개선할 기회를 제공한다.

• 자기 발전 계획 수립: 성과 평가 결과를 바탕으로 자신의 강점과

약점을 파악하고 이를 보완하기 위한 자기 발전 계획을 수립할 수 있다.

| 5. 경력 개발과 승진 기회

국비공모사업은 공무원들의 경력 개발과 승진 기회를 확대하는 데 중요한 역할을 한다.

• 경력 개발: 다양한 국비공모사업을 수행하면서 쌓은 경험과 지식은 공무원들의 경력 개발에 큰 도움이 된다. 이는 전문성을 인정받아 더 높은 직책으로 승진할 기회를 제공한다.

• 승진 기회 확대: 국비공모사업에서의 성과는 공무원의 평가와 승진에 긍정적인 영향을 미친다. 성공적인 사업 수행은 공무원의 능력을 증명하는 중요한 요소로 작용한다.

| 6. 지속 가능한 발전을 위한 역량 강화

국비공모사업은 공무원들이 지속 가능한 발전을 위한 역량을 강화하는 데 중요한 기회를 제공한다.

• 지속 가능한 발전 목표 이해: 공무원들은 국비공모사업을 통해 지속 가능한 발전 목표와 이를 달성하기 위한 다양한 전략을 이해하게

된다. 이는 지역사회의 지속 가능한 발전을 이끄는 데 중요한 역할을 한다.

• 환경과 사회적 책임 의식 고취: 친환경 프로젝트나 사회적 책임을 강조하는 사업을 통해 공무원들은 환경 보호와 사회적 책임의 중요성을 인식하고, 이를 실천하는 역량을 강화할 수 있다.

국비공모사업은 공무원들에게 다양한 학습과 성장의 기회를 제공하는 중요한 도구이다. 전문성 향상, 협력과 네트워킹 기회 제공, 문제 해결 능력 배양, 성과 평가와 자기 발전, 경력 개발과 승진 기회, 지속 가능한 발전을 위한 역량 강화 등 여러 측면에서 공무원들의 역량을 강화하고 성장시키는 기회를 제공한다. 공무원들은 이러한 기회를 통해 개인의 성장뿐만 아니라 지자체의 발전과 주민 복지 향상에 기여할 수 있다.

◉●● 지자체와 공무원의 사명이자 책무

국비공모사업은 지역 발전과 주민 복지 향상을 위한 중요한 수단이며, 이를 효과적으로 활용하는 것은 지자체와 공무원의 사명이자 책무이다. 지역사회의 리더로서 지자체와 공무원은 주민들의 삶의 질을 향상시키고, 지속 가능한 발전을 이루기 위해 책임감을 가지고 국비공모사업에 적극적으로 참여해야 한다.

| 1. 지역 주민의 삶의 질 향상

지자체와 공무원은 지역 주민의 삶의 질을 향상시키기 위해 최선을 다해야 한다. 국비공모사업은 이를 실현하는 데 중요한 역할을 한다.

• 복지 서비스 개선: 국비공모사업을 통해 노인, 장애인, 아동 등 다양한 계층을 위한 복지 서비스를 확대할 수 있다. 이는 주민들의 삶의 질을 높이고 사회적 안전망을 강화하는 데 기여한다.

• 교육 기회 확대: 교육 인프라 개선과 다양한 교육 프로그램 지원을 통해 모든 주민이 양질의 교육을 받을 수 있도록 해야 한다. 이는 지역의 인재를 양성하고 장기적인 지역 발전의 기반 마련에 중요하다.

| 2. 지역경제 활성화

지역경제 활성화는 지자체의 중요한 책무 중 하나이다. 국비공모사업은 이를 위한 다양한 기회를 제공한다.

• 일자리 창출: 국비공모사업을 통해 다양한 프로젝트를 추진하면서 지역 내 일자리를 창출하고 실업률을 낮출 수 있다. 이는 주민들의 경제적 안정성을 높이는 데 기여한다.

• 지역 산업 육성: 지역의 고유한 자원과 특성을 활용한 산업 육성을 통해 경제적 부가가치를 창출하고 지역경제를 활성화할 수 있다. 이를 위해 국비공모사업을 적극적으로 활용해야 한다.

| 3. 지역 발전과 사회적 책임

지자체와 공무원은 지역 발전을 도모하면서 사회적 책임을 다해야 한다. 국비공모사업은 이를 실현하는 중요한 도구가 된다.

• 지속 가능한 발전: 친환경 프로젝트와 재생 가능 에너지 도입 등을 통해 지역의 지속 가능한 발전을 도모해야 한다. 이는 환경 보호와 동시에 경제적 성상을 이루는 데 중요한 역할을 한다.

• 사회적 통합 강화: 다양한 사회적 계층을 포용하고, 지역사회의 통합을 강화하는 정책을 추진해야 한다. 국비공모사업을 통해 사회적 약자를 지원하고 지역사회의 결속력을 높일 수 있다.

| 4. 공무원의 전문성 제고

공무원은 국비공모사업을 통해 자신의 전문성을 제고하고, 지역 발전에 기여할 수 있는 역량을 강화해야 한다.

• 지속적인 학습과 교육: 공무원들은 국비공모사업의 성공적인 추진을 위해 관련 분야의 지식과 기술을 지속적으로 학습해야 한다. 이를 통해 전문성을 높이고 사업의 성공 가능성을 높일 수 있다.

• 전문성 활용: 공무원들은 자신의 전문성을 바탕으로 국비공모사업을 효과적으로 기획하고 실행해야 한다. 이는 사업의 질을 높이고 지역 사회에 긍정적인 영향을 미치는 데 기여한다.

| 5. 투명성과 책임성 강화

지자체와 공무원은 국비공모사업의 추진 과정에서 투명성과 책임성을 강화해야 한다. 이는 주민들의 신뢰를 얻고 공공 서비스의 질을 높이는 데 중요하다.

• 투명한 행정: 국비공모사업의 진행 상황과 예산 사용 내역을 주민들에게 투명하게 공개하고 정기적으로 보고해야 한다. 이는 주민들의 신뢰를 얻고 협력을 이끌어내는 데 중요하다.

• 책임 있는 행정: 국비공모사업의 목표 달성과 성과 관리를 위해 책임 있는 행정을 실천해야 한다. 문제 발생 시 신속하게 대응하고 개선 방안을 마련하여 지속적인 발전을 도모해야 한다.

| 6. 주민 참여와 협력 촉진

지자체와 공무원은 국비공모사업의 성공적인 추진을 위해 주민 참여와 협력을 촉진해야 한다. 이는 사업의 실효성을 높이고 지역사회의 발전을 도모하는 데 중요하다.

• 주민 의견 수렴: 주민들의 의견을 적극적으로 수렴하고 이를 사업 계획에 반영해야 한다. 이는 사업의 타당성과 실효성을 높이는 데 기여한다.

• 협력 체계 구축: 주민들과의 협력 체계를 구축하여 공동의 목표를 달성할 수 있도록 해야 한다. 주민 설명회, 공청회 등을 통해 소통을 강화하고, 협력을 촉진해야 한다.

국비공모사업은 지자체와 공무원의 사명이자 책무로 지역 발전과 주민 복지 향상을 위해 필수적인 도구이다. 지역 주민의 삶의 질 향상, 지역경제 활성화, 사회적 책임 수행, 공무원의 전문성 제고, 투명성과 책임성 강화, 주민 참여와 협력 촉진 등 다양한 측면에서 국비공모사업의 중요성을 인식하고 적극적으로 참여해야 한다.

지역의 지속 가능성과 로컬브랜딩 강화

지역의 지속 가능성과 로컬브랜딩 강화는 현대 사회에서 지자체가 추구해야 할 중요한 목표이다. 국비공모사업은 이를 실현하는 데 있어 핵심적인 역할을 한다. 지자체는 국비공모사업을 통해 지속 가능한 발전을 도모하고, 지역의 고유한 브랜드를 강화함으로써 경제적, 사회적, 환경적 혜택을 극대화할 수 있다.

| 1. 지속 가능한 발전을 위한 기회

국비공모사업은 지자체가 지속 가능한 발전을 이루기 위한 다양한 기회를 제공한다.

• 친환경 프로젝트 추진: 국비공모사업을 통해 재생 가능 에너지 도입, 에너지 효율화, 자원 순환 시스템 구축 등 친환경 프로젝트를 추진할 수 있다. 이는 지역의 환경 보호와 지속 가능한 발전을 도모하는 데 중요한 역할을 한다.

• 장기적 발전 전략 수립: 공모사업을 통해 장기적인 발전 전략을 수립하고, 이를 실행함으로써 지역의 지속 가능성을 높일 수 있다. 이는 단기적인 성과에 그치지 않고 지속 가능한 발전을 위한 기반을 마련하는 데 기여한다.

| 2. 경제적 지속 가능성 확보

국비공모사업은 지역경제의 지속 가능성을 확보하는 데 중요한 역할을 한다.

• 지역 산업 육성: 지역의 특성과 자원을 활용한 산업을 육성하여 경제적 자립을 도모할 수 있다. 이는 지역경제의 다변화와 안정성을 높이는 데 기여한다.

• 일자리 창출: 국비공모사업을 통해 다양한 프로젝트를 추진하면서 지역 내 일자리를 창출하고 주민들의 경제적 안정을 도모할 수 있다. 이는 지역경제의 지속 가능성을 높이는 중요한 요소이다.

| 3. 사회적 지속 가능성 증진

국비공모사업은 지역사회의 지속 가능성을 증진하는 데 기여한다.

• 복지 서비스 확대: 국비공모사업을 통해 노인, 장애인, 아동 등 다양한 계층을 위한 복지 서비스를 확대할 수 있다. 이는 주민들의 삶의 질을 높이고 사회적 안정성을 강화하는 데 기여한다.

• 교육과 문화 지원: 교육 인프라 개선과 다양한 문화 프로그램 지원을 통해 지역 주민들의 역량을 강화하고 지역사회의 문화적 자산을 증진할 수 있다. 이는 사회적 지속 가능성을 높이는 중요한 요소이다.

| 4. 환경적 지속 가능성 강화

국비공모사업은 지역의 환경적 지속 가능성을 강화하는 데 중요한
역할을 한다.

• 환경 보호 프로젝트: 재생 가능 에너지 도입, 자원 순환 시스템 구
축, 녹색 공간 확대 등 환경 보호 프로젝트를 통해 지역의 환경을 보존
하고 지속 가능한 발전을 도모할 수 있다.

• 환경 교육과 인식 제고: 국비공모사업을 통해 환경 교육 프로그램
을 운영하고 주민들의 환경 인식을 제고하는 데 기여할 수 있다. 이는
지역사회의 환경 보호 노력을 강화하는 데 중요한 역할을 한다.

| 5. 로컬브랜딩 강화

국비공모사업은 지역의 고유한 브랜드를 강화하고 지역의 매력을 높
이는 데 중요한 역할을 한다.

• 지역 특산물과 관광 자원 활용: 지역의 고유한 특산물과 관광 자
원을 활용한 프로젝트를 통해 지역 브랜드를 강화할 수 있다. 이는 지
역경제 활성화와 관광객 유치에 기여한다.

• 문화와 역사 자산 활용: 지역의 문화와 역사 자산을 현대적으로 재
해석하여 새로운 콘텐츠를 개발하고, 이를 통해 지역 브랜드를 강화할

수 있다. 이는 지역의 문화적 가치를 높이고, 주민들의 자긍심을 증진하는 데 기여한다.

| 6. 주민 참여와 협력 강화

국비공모사업은 주민 참여와 협력을 통해 지역의 지속 가능성과 로컬브랜딩을 강화하는 데 중요한 역할을 한다.

• 주민 참여 확대: 주민들이 국비공모사업에 적극적으로 참여하도록 유도하여, 주민들의 의견을 반영한 프로젝트를 추진할 수 있다. 이는 사업의 실효성을 높이고 주민들의 만족도를 증진하는 데 기여한다.

• 협력 체계 구축: 주민, 공무원, 기업 등 다양한 이해관계자들과의 협력 체계를 구축하여 공동의 목표를 달성할 수 있도록 해야 한다. 이는 지역사회의 결속력을 강화하고, 지속 가능한 발전을 도모하는 데 중요한 역할을 한다.

국비공모사업은 지역의 지속 가능성과 로컬브랜딩 강화를 위한 강력한 도구로 친환경 프로젝트 추진, 경제적 지속 가능성 확보, 사회적 지속 가능성 증진, 환경적 지속 가능성 강화, 로컬브랜딩 강화, 주민 참여와 협력 강화를 도모할 수 있다. 이를 통해 지자체는 지속 가능한 발전을 이루고 지역 주민들의 삶의 질 개선과 지역 고유의 브랜드를 강화할 수 있을 것이다.

• • 국비공모사업 이렇게 준비하라!

05 국비공모사업, 정보수집 및 분석

●●● 공모사업 정보수집 채널

국비공모사업에 성공적으로 참여하기 위해서는 최신 정보를 신속하게 수집하고 분석하는 것이 필수적이다. 이를 위해 지자체와 공무원들은 다양한 정보수집 채널을 활용하여 공모사업의 기회와 요구사항을 파악해야 한다.

주요 정보수집 채널을 소개하고, 이를 효과적으로 활용하는 방법을 살펴보자.

| 1. e나라도움

e나라도움은 중앙정부와 지방자치단체의 공모사업 정보를 제공하는 종합적인 플랫폼이다. 이 시스템은 다양한 공모사업의 공고, 지침서, 신청 절차 등을 한눈에 볼 수 있도록 제공하여 공무원들이 신속하고

효율적으로 정보를 얻을 수 있게 한다.

▨ e나라도움의 활용 방법

• 회원가입과 로그인: e나라도움에 회원가입을 하고 로그인을 통해
개인화된 서비스를 이용할 수 있다.

• 공모사업 검색: 키워드 검색, 카테고리별 검색 등을 통해 필요한
공모사업 정보를 신속하게 찾아볼 수 있다.

• 알림 설정: 관심 있는 공모사업 분야에 대해 알림을 설정하여 새
로운 공고가 올라올 때 즉시 통보받을 수 있다.

• 자료 다운로드: 공모 공고문, 지침서, 신청서 양식 등 필요한 자료
를 다운로드하여 준비할 수 있다.

【e나라도움 화면】

자료 : https://www.bojo.go.kr/bojo.do

| 2. 정부 부처 웹사이트

각 정부 부처의 웹사이트는 부처별로 추진하는 공모사업의 공고와 관련 정보를 제공하는 중요한 채널이다. 행정안전부, 중소벤처기업부, 문화체육관광부, 보건복지부, 환경부, 산업통상자원부 등 주요 부처의 웹사이트를 정기적으로 방문하여 최신 공모사업 정보를 확인하는 것이 필요하다.

■ 정부 부처 웹사이트 활용 방법:
• 정기적 방문: 주요 부처의 공모사업 페이지를 정기적으로 방문하여 최신 정보를 확인한다.

• 뉴스레터 구독: 각 부처에서 제공하는 뉴스레터를 구독하여 중요한 공모사업 정보와 업데이트를 이메일로 받아볼 수 있다.

• 문의와 상담: 필요한 경우 부처의 담당자에게 직접 문의하거나 상담을 요청하여 보다 구체적인 정보를 얻을 수 있다.

| 3. 공공기관 및 연구 기관

국책 연구 기관이나 공공기관 역시 국비공모사업 정보를 제공하는 중요한 채널이다. 한국지방행정연구원, 한국개발연구원(KDI), 한국에너지기술연구원 등 다양한 기관에서 공모사업과 관련된 연구보고서, 세미나, 워크숍 등을 통해 유용한 정보를 제공한다.

■ **공공기관 및 연구 기관 활용 방법:**

• 연구보고서 및 자료 활용: 기관에서 발간하는 연구보고서와 자료를 통해 공모사업의 동향과 성공 사례를 학습한다.

• 세미나 및 워크숍 참석: 관련 세미나와 워크숍에 참석하여 전문가들의 의견을 듣고, 네트워크를 확장할 수 있다.

• 온라인 자료실 이용: 각 기관의 온라인 자료실을 통해 필요한 자료를 검색하고 다운로드할 수 있다.

| 4. 지자체 내부 정보 공유 시스템

지자체 내부의 정보 공유 시스템을 통해 공모사업 정보를 효율적으로 관리하고 공유할 수 있다. 이를 통해 부서 간 협력을 강화하고, 공모사업 준비를 체계적으로 할 수 있다.

■ **내부 정보 공유 시스템 활용 방법:**

• 공모사업 전담팀 구성: 공모사업 전담팀을 구성하여 체계적으로 정보를 관리하고, 준비 과정을 효율화한다.

• 내부 포털 시스템 구축: 지자체 내부에 공모사업 정보를 공유할 수 있는 포털 시스템을 구축하여 실시간으로 정보를 업데이트하고, 필요한 자료를 공유한다.

• 정기회의 및 보고: 정기적인 회의와 보고를 통해 공모사업의 진행 상황을 공유하고, 문제점을 해결한다.

| 5. 네트워킹과 협력

공모사업 정보를 수집하고 분석하는 과정에서 네트워킹과 협력은 중요한 역할을 한다. 다른 지자체, 전문가, 민간 기업 등과의 협력을 통해 보다 풍부한 정보를 얻고, 성공 가능성을 높일 수 있다.

• 다른 지자체와의 협력: 성공적인 공모사업을 수행한 다른 지자체와의 협력을 통해 경험과 노하우를 공유받는다.

• 전문가와의 협력: 관련 분야의 전문가와 협력하여 공모사업의 기획과 실행에 필요한 조언과 지원을 받는다.

• 민간 기업과의 협력: 민간 기업과의 협력을 통해 기술적 지원과 자원을 확보하고, 공모사업의 실효성을 높인다.

국비공모사업의 성공적인 참여와 선정은 체계적이고 효율적인 정보 수집에 달려 있다. e나라도움, 정부 부처 웹사이트, 공공기관 및 연구기관, 지자체 내부 정보 공유 시스템, 네트워킹과 협력 등 다양한 정보 수집 채널을 활용하여 최신 정보를 신속하게 수집하고 분석하는 것이 중요하다. 이를 통해 지자체는 공모사업의 기회를 극대화하고, 지역 발전과 주민 복지 향상을 위한 강력한 도구로 활용할 수 있을 것이다.

◉●● 공모 공고문, 지침서 정밀 분석 및 이해

국비공모사업에 성공적으로 참여하기 위해서는 공모 공고문과 지침서를 철저히 분석하고 이해하는 것이 필수적이다. 공모 공고문과 지침서는 사업의 목적, 신청 자격, 평가 기준, 제출 서류, 예산 사용 지침 등 중요한 정보를 담고 있다. 이를 정확히 파악하고 준비해야만 공모사업에서 높은 평가를 받을 수 있다.

| 1. 공모 공고문 분석

공모 공고문은 국비공모사업에 대한 기본 정보를 제공하며, 사업의 방향성과 요구사항을 명확히 이해하는 데 중요한 역할을 한다. 공고문을 분석할 때 주의 깊게 살펴봐야 할 항목은 다음과 같다.

• 사업 목적과 목표: 공모사업의 궁극적인 목적과 목표를 이해해야 한다. 이는 사업 제안서를 작성할 때 일관된 방향성을 유지하는 데 필수적이다.

• 지원 대상과 자격 요건: 지원할 수 있는 대상과 자격 요건을 명확

히 파악해야 한다. 이를 통해 자격 요건을 충족하는지 판단하고, 필요한 준비를 할 수 있다.

• 지원 규모와 예산 사용 지침: 지원 금액과 예산 사용의 구체적인 지침을 확인해야 한다. 이를 통해 예산 계획을 세우고, 예산 사용의 타당성을 증명할 수 있다.

• 제출 서류와 절차: 제출해야 할 서류 목록과 제출 절차를 정확히 이해해야 한다. 이는 신청 과정에서 실수를 방지하고, 제출 서류의 완성도를 높이는 데 중요하다.

• 평가 기준과 방법: 평가 기준과 방법을 분석하여 평가 항목별로 준비해야 할 사항을 명확히 해야 한다. 이를 통해 사업 제안서를 작성할 때 평가 기준에 부합하는 내용을 포함할 수 있다.

| 2. 지침서 정밀 분석

지침서는 공모사업의 세부 규정과 절차를 안내하는 문서로 사업 수행 과정에서 반드시 준수해야 할 내용이 포함되어 있다. 지침서를 정밀 분석할 때 주의 깊게 살펴봐야 할 항목은 다음과 같다.

• 사업 계획 수립 지침: 사업 계획을 수립할 때 따라야 할 세부 지침을 파악해야 한다. 이는 사업의 일관성과 체계성을 유지하는 데 중요하다.

• 예산 편성 및 집행 지침: 예산 편성과 집행에 관한 구체적인 지침을 확인해야 한다. 이를 통해 예산 계획을 세우고 예산 집행 과정에서 발생할 수 있는 문제를 예방할 수 있다.

• 성과 관리 및 보고 지침: 사업의 성과를 관리하고 보고하는 방법에 대한 지침을 이해해야 한다. 이는 사업의 실효성을 증명하고 중앙정부와의 원활한 소통을 유지하는 데 중요하다.

• 계약 및 법적 준수 사항: 계약 체결과 법적 준수 사항에 대한 지침을 파악해야 한다. 이는 사업 수행 과정에서 법적 문제를 방지하고 사업의 신뢰성을 높이는 데 기여한다.

【공고문 사례】

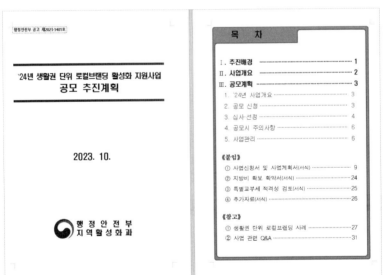

자료 : 행정안전부

| 3. 공모 공고문과 지침서의 통합적 이해

공모 공고문과 지침서를 개별적으로 분석하는 것뿐만 아니라, 이들 문서를 통합적으로 이해하는 것이 중요하다. 이를 통해 공모사업의 전체적인 맥락과 요구사항을 명확히 파악할 수 있다.

• 목적과 목표에 부합하는 계획 수립: 공모 공고문의 목적과 목표를 지침서의 세부 지침과 연계하여 일관된 사업 계획을 수립한다.

• 자격 요건과 제출 서류의 완성도: 지원 자격 요건을 충족하는지 확인하고 제출 서류를 철저히 준비하여 완성도를 높인다.

• 예산 계획의 타당성 확보: 공고문의 예산 사용 지침과 지침서의 예산 편성 지침을 통합적으로 분석하여 타당한 예산 계획을 세운다.

• 평가 기준에 맞춘 준비: 공고문의 평가 기준을 지침서의 세부 지침과 연계하여 평가 항목별로 필요한 준비를 철저히 한다.

【평가 기준 사례】

평가지표	배점	평가 세부 항목
합 계	100	100점 + 가점(최대 5점)
사업 추진여건	20	▶사업 추진여건 및 지자체 추진 역량·의지 - 사업이 해당지역에 필요한지 여부 - 생활권 범위 설정의 타당성 및 입지성(접근성 등) - 사업부서의 사업 추진역량 및 준비성 ※ 추진협의체 구성 자체 예산계획 수립 생활권 발굴 부지·공간 확보 여부 등 - 추진체계·자원 조달·일정 등 사업관리 계획의 실현 가능성 ※ 주민협의체 등 주민이 참여하는 사업 추진체계 구성운영 여부
지역 고유성	20	▶해당 생활권의 고유특색의 활용 가능성 - 지역자원* 현황 탐색 및 분석 노력도 * 고유자원(자연환경, 역사문화, 지리장소, 커뮤니타인적자원, 상업 등), 라이프스타일 - 탐색·발굴된 지역자원의 차별성 및 활용 가능성 - 지역자원 활용방안의 구체성, 타당성 및 실현 가능성
사업 계획 타당성	40	▶사업계획의 구체성 및 효과성 - 지역자원 활성화 방안의 적정성 - 국비를 활용한 하드웨어* 조성계획의 적정성 및 효과성 * 집객공간 등 핵심 거점시설 역할, 공유재산 활용 등 효율적 사업비 계획 마련 - 소프트웨어*의 적정성 및 독창성 * 지역 활성화를 위한 프로그램 운영, 선도사업 추진 등 - 로컬 창조커뮤니티 활성화 방안의 적정성 - 타 부처 시책 및 지방자치단체 자체사업 연계방안 수립 여부
사업 지속가능성	20	▶지역 경쟁력 및 활력 제고, 성과확산 등 지속 가능성 - 지역경제 활성화(일자리 창출 등) 및 지역활력 제고(생활인구 확대 등) 기여도 * 주민등록자 및 지역을 방문체류하며 생활(통근통학 등)하는 인구(「인구감소지역법」 제2조) - 사후 관리계획의 실효성 및 사업 성과의 지속가능성 - 해당 사업의 성과 및 타 지자체로의 확산 가능성
가점	3	▶인구감소지역에 해당시 ※ 인구감소관심지역은 미해당
	최대 2	▶로컬 브랜딩과 밀접한 행안부 디부처 사업 연계방안 포함 ※ 행안부(청년마을·생활인구 증가 시책사업 등), 중기부(로컬크리에이터, 소상공인 지원사업 등), 문체부(문화도시 등)

자료 : 행정안전부

•••국비공모사업 이렇게 준비하라!

| 4. 실무 적용과 사례 분석

공모 공고문과 지침서를 분석한 후에는 이를 실무에 적용하는 것이 중요하다. 또한, 성공적인 사례를 분석하여 벤치마킹할 수 있다.

• 실무 적용 전략: 공고문과 지침서를 기반으로 한 실무 적용 전략을 수립하여, 사업 제안서 작성과 준비 과정을 체계적으로 진행한다.

• 성공 사례 분석: 타 지자체의 성공적인 공모사업 사례를 분석하여 성공 요인과 전략을 파악하고, 이를 자신의 사업 계획에 반영한다.

공모 공고문과 지침서를 정밀하게 분석하고 이해하는 것은 국비공모 사업의 성공적인 참여와 선정에 필수적이다. 공고문의 목적, 목표, 자격 요건, 지원 규모, 제출 서류, 평가 기준 등을 철저히 분석하고, 지침서의 사업 계획 수립, 예산 편성 및 집행, 성과 관리 및 보고, 계약 및 법적 준수 사항 등을 명확히 파악해야 한다. 이를 통해 체계적이고 일관된 사업 계획을 수립하고, 성공적인 공모사업 참여를 위한 준비를 철저히 할 수 있다. 공모 공고문과 지침서를 통합적으로 이해하고, 실무 적용과 성공 사례 분석을 통해 효과적인 전략을 마련함으로써 지자체는 국비공모사업을 통해 지역 발전과 주민 복지 향상을 도모할 수 있을 것이다.

● ● ● 타 지자체 선정 성공 사례 조사와 분석

국비공모사업에 성공적으로 참여하기 위해서는 타 지자체의 성공 사례를 조사하고 분석하는 것이 중요하다. 이는 성공 요인을 파악하고, 벤치마킹할 기회를 제공한다. 성공 사례를 통해 얻은 교훈과 전략을 바탕으로 자신만의 효과적인 공모사업 전략을 수립할 수 있다.

| 1. 성공 사례 조사 방법

성공 사례를 조사하기 위해서는 다양한 방법을 활용할 수 있다. 다음은 주요 조사 방법들이다.

• 공식 보고서와 발표 자료: 중앙정부나 관련 부처에서 발간하는 공식 보고서와 발표 자료를 통해 성공 사례를 확인할 수 있다. 이는 공모사업의 성과와 구체적인 추진 과정을 이해하는 데 도움이 된다.

• 지자체 웹사이트와 뉴스레터: 타 지자체의 공식 웹사이트나 뉴스레터를 통해 공모사업 성공 사례를 확인할 수 있다. 특히, 사업 완료 후의 성과 보고서를 참고하면 구체적인 성공 요인을 파악할 수 있다.

• 세미나 및 워크숍 참여: 국비공모사업과 관련된 세미나나 워크숍에 참석하여 성공 사례를 발표하는 세션을 통해 정보를 얻을 수 있다. 이는 직접적인 질의응답을 통해 더 깊이 있는 정보를 수집할 기회를 제공한다.

- 학술 논문과 연구보고서: 관련 학술 논문과 연구보고서를 통해 성공 사례를 분석할 수 있다. 이는 공모사업의 이론적 배경과 실무 적용 사례를 함께 이해하는 데 유용하다.

| 2. 성공 사례 분석 요소

성공 사례를 분석할 때 주의 깊게 살펴봐야 할 주요 요소는 다음과 같다.

- 사업의 목적과 목표: 성공한 공모사업의 목적과 목표가 무엇이었는지 파악한다. 이를 통해 사업의 방향성과 목표 설정의 중요성을 이해할 수 있다.

- 계획 수립과 실행 전략: 사업 계획 수립 과정과 실행 전략을 분석한다. 이는 구체적인 계획 수립과 실행 과정에서 참고할 수 있는 유용한 정보를 제공한다.

- 자원확보와 관리: 성공한 공모사업이 어떤 자원을 확보하고, 이를 어떻게 효율적으로 관리했는지 분석한다. 이는 예산 편성과 인력 배치 등의 실무적인 측면에서 중요한 교훈을 제공한다.

- 주민 참여와 협력: 주민들의 참여와 협력이 어떻게 이루어졌는지 분석한다. 이는 주민들의 지지를 얻고, 협력을 이끌어내는 전략을 수립하는 데 도움이 된다.

• 성과 측정과 평가: 사업의 성과를 어떻게 측정하고 평가했는지 분석한다. 이는 성과 지표 설정과 성과 관리에 대한 구체적인 방안을 마련하는 데 중요하다.

| 3. 성공 요인 파악

타 지자체의 성공 사례를 통해 공통으로 발견되는 성공 요인을 파악하는 것이 중요하다. 주요 성공 요인은 다음과 같다.

• 명확한 목표 설정: 성공한 공모사업은 명확하고 구체적인 목표를 설정하고, 이를 달성하기 위한 체계적인 계획을 수립했다.

• 철저한 준비와 분석: 사업 계획 수립 전 철저한 사전 준비와 분석을 통해 사업의 타당성과 실효성을 높였다.

• 효과적인 자원 관리: 예산, 인력, 시간 등의 자원을 효율적으로 관리하여 사업을 성공적으로 추진했다.

• 주민 참여와 협력 강화: 주민들의 적극적인 참여와 협력을 이끌어 내어 사업의 실효성을 높였다.

• 성과 중심의 접근: 명확한 성과 지표를 설정하고, 이를 지속적으로 모니터링하고 평가하여 성과를 극대화했다.

| 4. 벤치마킹과 적용 전략

성공 사례를 통해 얻은 교훈과 전략을 바탕으로 자신들만의 공모사업 전략을 수립하는 것이 중요하다. 다음은 벤치마킹과 적용 전략을 수립하는 방법이다.

• 비슷한 조건의 사례 선택: 자신의 지자체와 유사한 조건을 가진 성공 사례를 선택하여 벤치마킹한다. 이는 보다 현실적이고 적용 가능한 전략을 마련하는 데 도움이 된다.

• 성공 요인의 적용: 성공 사례에서 발견된 주요 성공 요인을 자신의 사업 계획에 반영한다. 예를 들어, 명확한 목표 설정, 철저한 준비와 분석, 주민 참여 강화 등의 요소를 포함한다.

• 실무적인 세부 계획 수립: 벤치마킹한 내용을 바탕으로 실무적인 세부 계획을 수립한다. 이는 구체적인 실행 전략과 자원 관리 방안을 포함해야 한다.

• 성과 관리 체계 구축: 성공 사례에서 효과적으로 활용된 성과 관리 체계를 참고하여, 자신의 사업에도 적용한다. 이는 사업의 진행 상황을 지속적으로 모니터링하고, 문제 발생 시 신속하게 대응할 수 있도록 한다.

타 지자체의 선정 성공 사례를 조사하고 분석하는 것은 국비공모사업의 성공 가능성을 높이는 데 중요한 역할을 한다. 성공 사례를 통해 얻은 교훈과 전략을 바탕으로 자신들만의 공모사업 전략을 수립하고, 이를 철저히 준비하는 것이 필요하다. 명확한 목표 설정, 철저한 준비와 분석, 효과적인 자원 관리, 주민 참여와 협력 강화, 성과 중심의 접근 등 성공 요인을 반영하여 공모사업에 참여함으로써, 지자체는 지역발전과 주민 복지 향상을 위한 중요한 기회를 잡을 수 있을 것이다.

관련 전문가, 전문기관 확인과 활용

국비공모사업에 성공적으로 참여하기 위해서는 관련 전문가와 전문기관의 지원을 활용하는 것이 중요하다. 이들은 풍부한 경험과 전문성을 바탕으로 공모사업 준비 과정에서 다양한 도움을 줄 수 있다. 관련 전문가와 전문기관을 효과적으로 활용하는 방법을 살펴보자.

| 1. 관련 전문가 확인 및 활용

관련 분야의 전문가들은 공모사업의 기획, 작성, 제출, 실행 과정에서 중요한 역할을 한다. 이들의 경험과 지식을 활용하면 공모사업의 성공 가능성을 높일 수 있다.

• 전문가 네트워크 구축: 공모사업과 관련된 전문가 네트워크를 구축하여 필요한 정보를 신속하게 얻고, 자문을 받을 수 있다. 예를 들어, 산업계, 연구 기관, 학계 등 다양한 분야의 전문가들과의 네트워크를 형성한다.

• 자문 및 컨설팅 활용: 공모사업의 기획 단계에서 국비공모 전문가의 자문을 받아 사업의 방향성과 전략을 수립한다. 전문가 컨설팅을 통해 사업계획서를 보다 체계적이고 전문적으로 작성할 수 있다.

• 워크숍 및 세미나 참여: 전문가들이 주최하는 워크숍이나 세미나에 참여하여 최신 정보와 성공 사례를 학습하고, 이를 자신의 사업에 적용할 수 있다.

| 2. 전문기관 확인 및 활용

전문기관은 공모사업의 기획, 실행, 평가 등 다양한 단계에서 중요한 자원을 제공할 수 있다. 이들은 연구, 교육, 컨설팅 등을 통해 공모사업의 성공을 지원한다.

• 국책 연구 기관: 한국지방행정연구원, 한국개발연구원(KDI) 등 국책 연구 기관은 공모사업과 관련된 연구보고서와 자료를 제공한다. 이를 통해 공모사업의 트렌드와 성공 요인을 분석할 수 있다.

• 전문 컨설팅 기관: 공모사업을 전문적으로 지원하는 컨설팅 기관을 활용하여 사업계획서 작성, 예산 편성, 성과 관리 등을 체계적으로 준비할 수 있다.

• 교육 및 연수 기관: 공무원 교육원, 지방행정연수원 등 교육 및 연수 기관에서 제공하는 교육 프로그램을 통해 공무원들의 역량을 강화하고, 공모사업 준비 과정을 학습할 수 있다.

| 3. 전문가와 전문기관 활용 전략

전문가와 전문기관을 효과적으로 활용하기 위해서는 체계적인 전략이 필요하다. 다음은 주요 활용 전략들이다.

• 목표와 필요성 명확화: 공모사업의 목표와 필요성을 명확히 정의하고, 이에 맞는 전문가와 전문기관을 선정한다. 이를 통해 효과적인 지원을 받을 수 있다.

• 협력 관계 구축: 전문가와 전문기관과의 협력 관계를 지속적으로 구축하고 유지한다. 이를 통해 장기적인 지원을 받을 수 있고, 신뢰를 바탕으로 한 협력 관계를 형성할 수 있다.

• 자문과 피드백 수렴: 전문가의 자문과 피드백을 적극적으로 수렴하고, 이를 사업계획서와 실행 계획에 반영한다. 이는 사업의 완성도를

높이는 데 중요한 역할을 한다.

• 지속적인 학습과 발전: 전문가와 전문기관이 제공하는 최신 정보와 연구 결과를 지속적으로 학습하고, 이를 통해 공모사업의 전략과 실행 방안을 지속적으로 발전시킨다.

| 4. 사례 분석과 벤치마킹

성공적인 공모사업 사례를 분석하고 벤치마킹하는 것도 중요하다. 이를 통해 성공 요인을 파악하고 자신의 사업에 적용할 수 있다.

• 성공 사례 연구: 관련 전문가와 전문기관이 제공하는 성공 사례 연구를 통해 공모사업의 성공 요인과 전략을 학습한다.

• 벤치마킹: 성공적인 공모사업을 수행한 지자체나 기관의 사례를 벤치마킹하여 자신의 사업 계획에 적용할 수 있는 전략과 방법을 도출한다.

| 5. 협력과 지원 체계 구축

전문가와 전문기관의 협력을 통해 공모사업의 전반적인 지원 체계를 구축하는 것이 중요하다. 이는 사업의 성공 가능성을 높이고, 실행 과정에서 발생할 수 있는 문제를 효과적으로 해결할 수 있도록 한다.

• 지원 체계 구축: 전문가와 전문기관의 지원을 받을 수 있는 체계를 구축하고, 이를 통해 사업의 기획, 실행, 평가 과정을 체계적으로 관리한다.

• 문제 해결 지원: 사업 진행 중 발생하는 문제를 전문가와 전문기관의 지원을 통해 신속하게 해결하고 사업의 연속성을 유지한다.

관련 전문가와 전문기관의 확인과 활용은 국비공모사업의 성공을 위한 중요한 요소이다. 전문가 네트워크를 구축하고, 자문 및 컨설팅을 활용하며, 국책 연구 기관과 전문 컨설팅 기관, 교육 및 연수 기관의 지원을 받는 것이 필요하다. 체계적인 전략을 통해 전문가와 전문기관의 지원을 효과적으로 활용하고, 성공 사례를 분석하고 벤치마킹함으로써 공모사업의 성공 가능성을 높일 수 있다.

◉●● 실전 경험을 보유한 전문가, 전문기관의 활용

국비공모사업에서 성공하기 위해서는 이론적인 지식과 더불어 실전 경험을 가진 전문가와 전문기관의 도움을 받는 것이 매우 중요하다. 이들은 과거의 경험을 통해 쌓은 노하우와 성공 전략을 바탕으로 공모사업의 기획부터 실행까지 다양한 측면에서 지원할 수 있다. 실전 및 선정 경험을 보유한 전문가와 전문기관을 효과적으로 활용하는 방법에 대해 살펴보자.

| 1. 전문가 및 전문기관의 중요성

실전 경험을 가진 전문가와 전문기관은 공모사업 준비 과정에서 많은 장점을 제공한다.

• 실제 경험 기반의 조언: 이들은 다양한 공모사업에서 실제로 성공한 경험을 바탕으로 구체적이고 현실적인 조언을 제공할 수 있다.

• 효율적인 문제 해결: 공모사업 준비 과정에서 발생할 수 있는 다양한 문제를 신속하고 효율적으로 해결할 수 있는 능력을 갖추고 있다.

• 최신 정보와 트렌드 제공: 국비공모사업의 최신 동향과 성공 사례에 대한 정보를 지속적으로 업데이트하고 제공할 수 있다.

| 2. 전문가와 전문기관 확인 방법

실전 경험이 풍부한 전문가와 전문기관을 확인하고 선택하는 방법은 다음과 같다.

• 추천과 레퍼런스: 다른 지자체나 공공기관에서 성공적으로 공모사업을 수행한 사례를 통해 추천받은 전문가와 전문기관을 우선으로 고

려한다.

• 전문성 검증: 전문가와 전문기관의 과거 성과와 경력을 검토하여 전문성을 검증한다. 이는 이들이 실제로 얼마나 많은 성공 사례를 보유하고 있는지 확인하는 데 도움이 된다.

• 인터뷰와 상담: 사전에 인터뷰와 상담을 통해 전문가와 전문기관의 접근 방식과 지원 내용을 파악하고, 지자체의 필요에 맞는지 평가한다.

| 3. 전문가와 전문기관의 활용 전략

실전 경험을 가진 전문가와 전문기관을 효과적으로 활용하기 위한 전략은 다음과 같다.

• 초기 단계에서의 협력: 공모사업의 초기 단계에서부터 전문가와 협력하여 사업의 방향성과 목표를 명확히 설정하고 구체적인 계획을 수립한다.

• 전문가의 역할 명확화: 전문가와 전문기관의 역할과 책임을 명확히 정의하여, 이들이 효율적으로 기여할 수 있도록 한다. 예를 들어, 사업계획서 작성, 예산 편성, 성과 관리 등 특정 분야에서의 지원을 명확히 한다.

• 정기적인 피드백과 조언: 공모사업 준비 과정에서 정기적으로 전문가의 피드백과 조언을 받아 진행 상황을 점검하고, 필요한 경우 계획을 수정 보완한다.

| 4. 사례 분석과 성공 전략 적용

전문가와 전문기관의 실전 경험을 바탕으로 한 사례 분석과 성공 전략 적용은 매우 중요하다.

• 성공 사례 분석: 전문가와 전문기관이 제공하는 성공 사례를 분석하여, 공모사업의 성공 요인과 전략을 파악한다. 이를 통해 자신만의 공모사업 전략을 수립할 수 있다.

• 성공 전략 적용: 성공 사례에서 도출된 전략을 자신의 공모사업에 적용하여, 성공 가능성을 높인다. 예를 들어, 특정 예산 편성 방법이나 주민 참여 방안을 도입할 수 있다.

| 5. 지속적인 협력과 학습

공모사업의 성공을 위해서는 전문가와 전문기관과의 지속적인 협력과 학습이 필요하다.

• 지속적인 협력 체계 구축: 전문가와 전문기관과의 협력 관계를 지

속적으로 유지하고, 장기적인 지원을 받을 수 있도록 한다. 이를 통해 공모사업의 연속성을 유지하고 지속적인 발전을 도모할 수 있다.

• 학습과 역량 강화: 전문가와 전문기관이 제공하는 교육 프로그램과 자료를 통해 공무원들의 역량을 강화하고, 공모사업 준비 과정에서 필요한 지식과 기술을 습득한다.

| 6. 성과 평가와 피드백 반영

공모사업이 완료된 후에는 전문가와 전문기관의 도움을 받아 성과를 평가하고 피드백을 반영하여 다음 공모사업에 대비할 수 있다.

• 성과 평가: 사업이 완료된 후 성과를 평가하고 전문가와 전문기관의 도움을 받아 개선할 점을 도출한다.

• 피드백 반영: 평가 결과와 전문가의 피드백을 바탕으로 다음 공모사업을 위한 개선 방안을 마련하고, 이를 반영하여 성공 가능성을 높인다.

실전 및 선정 경험을 보유한 전문가와 전문기관의 활용은 국비공모사업의 성공을 위한 중요한 요소이다. 이들의 실제 경험과 전문성을 바탕으로 공모사업을 체계적으로 준비하고 실행할 수 있다. 전문가와 전문기관의 조언과 지원을 통해 사업의 방향성과 전략을 명확히 설정하고, 성공 사례를 벤치마킹하여 자신만의 공모사업 전략을 수립해야 한다. 지속적인 협력과 학습을 통해 공무원들의 역량을 강화하고, 성과 평가와 피드백을 반영하여 지속 가능한 발전을 도모할 수 있을 것이다.

06 국비공모사업 준비, 지자체와 공무원의 마인드셋

●● 왜 지자체, 공무원의 마인드셋인가?

국비공모사업의 성공적인 참여와 선정은 지자체와 공무원의 마인드 셋이 중요한 역할을 한다. 마인드셋은 사업의 기획, 준비, 실행 과정에서의 태도와 접근 방식을 결정짓는 요소로, 이는 사업의 성패를 좌우할 수 있다. 국비공모사업에서 왜 지자체와 공무원의 마인드셋이 중요한지를 다양한 측면에서 살펴본다.

| 1. 변화와 혁신에 대한 열린 자세

국비공모사업은 새로운 아이디어와 혁신적인 접근 방식을 요구한다. 지자체와 공무원들이 변화와 혁신에 열린 자세를 가질 때 성공 가능성이 높아진다.

• 유연한 사고: 고정된 사고방식에서 벗어나 다양한 가능성을 모색하고, 새로운 아이디어를 수용할 수 있는 유연한 사고를 가져야 한다.

• 혁신 추구: 기존의 방식을 뛰어넘어 혁신적인 해결책을 찾으려는 노력이 필요하다. 이는 국비공모사업의 경쟁력 향상과 성공 가능성을 높인다.

| 2. 주민 중심의 접근

국비공모사업은 지역 주민의 삶의 질을 향상시키고 지역사회의 발전을 도모하기 위한 것이다. 지자체와 공무원들은 주민 중심의 접근 방식을 가져야 한다.

• 주민의 필요와 요구 파악: 주민들의 필요와 요구를 정확히 파악하고, 이를 반영한 사업 계획을 수립해야 한다. 이는 사업의 실효성을 높이는 데 중요하다.

• 주민 참여 유도: 주민들이 적극적으로 참여할 수 있는 환경을 조성하고, 이들의 의견을 반영하는 절차를 마련해야 한다. 이는 주민들의 지지와 협력을 이끌어내는 데 필수적이다.

| 3. 목표 지향적 태도

국비공모사업에서 성공하기 위해서는 명확한 목표 설정과 이를 달성하기 위한 목표 지향적 태도가 필요하다.

- 명확한 비전 설정: 사업의 목적과 목표를 명확히 설정하고, 이를 달성하기 위한 구체적인 계획을 마련해야 한다. 명확한 비전은 모든 참여자에게 방향성을 제공한다.

- 실행력 강화: 설정한 목표를 달성하는 데 필요한 자원을 확보하고, 실행력을 강화해야 한다. 이는 체계적이고 지속적인 노력을 통해 이루어질 수 있다.

┃ 4. 협력과 팀워크 강화

국비공모사업은 여러 부서와 기관 간의 협력이 필수적이다. 지자체와 공무원들은 협력과 팀워크를 강화해야 한다.

- 부서 간 협력: 부서 간의 협력을 통해 통합적이고 효율적인 사업 추진이 가능해진다. 이는 자원의 효율적 배분과 문제 해결에 도움이 된다.

- 외부 기관과의 협력: 중앙정부, 연구 기관, 민간 기업 등 외부 기관과의 협력을 통해 다양한 자원을 활용하고 사업의 실효성을 높일 수 있다.

┃ 5. 책임감과 주인의식

국비공모사업의 성공적인 추진을 위해서는 공무원들의 책임감과 주인의식이 필요하다.

• 책임 있는 태도: 공무원들은 자신의 역할과 책임을 명확히 인식하고 주어진 업무를 성실히 수행해야 한다. 이는 사업의 신뢰성을 높이는 데 중요하다.

• 주인의식 강화: 공무원들은 자신이 추진하는 사업에 대해 주인의식을 가져야 한다. 이는 사업의 성공을 위해 자발적으로 노력하고 문제를 해결하려는 의지를 강화한다.

| 6. 지속적인 학습과 발전

국비공모사업의 성공을 위해서는 지속적인 학습과 발전이 필요하다. 지자체와 공무원들은 끊임없이 변화하는 환경에 적응하고 최신 정보를 습득해야 한다.

• 교육과 연수: 정기적인 교육과 연수를 통해 공무원들의 역량을 강화하고 최신 동향과 정보를 습득할 수 있도록 한다.

• 성장 마인드셋: 실패를 두려워하지 않고 지속적으로 학습하고 발전하려는 성장 마인드셋을 가져야 한다. 이는 장기적인 성공을 위한 기반이 된다.

국비공모사업에서 지자체와 공무원의 마인드셋은 성공의 중요한 요소이다. 변화와 혁신에 대한 열린 자세, 주민 중심의 접근, 목표 지향적 태도, 협력과 팀워크 강화, 책임감과 주인의식, 지속적인 학습과 발전 등 다양한 측면에서 마인드셋이 형성되어야 한다. 이를 통해 지자체와 공무원들은 국비공모사업을 효과적으로 준비하고 실행하여 지역 발전과 주민 복지 향상을 도모할 수 있을 것이다. 성공적인 국비공모사업 참여는 단순한 사업 수행을 넘어 지자체와 공무원들의 지속 가능한 발전을 위한 중요한 발판이 된다.

● ● 지자체장인 시장, 군수의 마인드셋

국비공모사업의 성공은 지자체장의 리더십과 마인드셋에 그게 좌우된다. 시장과 군수는 지역 발전과 주민 복지 향상을 위한 비전을 제시하고 공무원들이 이를 실현할 수 있도록 이끌어야 한다. 지자체장의 마인드셋은 공모사업의 기획, 준비, 실행 과정에서 핵심적인 역할을 하며 지자체 전체의 성공 가능성을 높이는 데 기여한다.

| 1. 비전과 목표 설정

시장은 명확한 비전과 목표를 설정하여 지자체의 방향성을 제시해야 한다. 이는 공모사업의 성공을 위한 첫걸음이다.

• 미래지향적 비전 제시: 지역의 장기적인 발전을 위한 비전을 제시하

고, 이를 통해 공무원들과 주민들에게 명확한 방향을 제시해야 한다.

• 구체적인 목표 설정: 달성 가능한 구체적인 목표를 설정하고, 이를 통해 공모사업의 성과를 명확히 측정할 수 있도록 한다. 목표는 측정 가능하고, 구체적이며, 실현 가능한 내용으로 설정하는 것이 중요하다.

| 2. 적극적인 리더십 발휘

시장은 공모사업의 필요성과 중요성을 인식하고, 이를 위해 적극적인 리더십을 발휘해야 한다.

• 결단력과 실행력: 신속한 결단력과 강한 실행력을 통해 공모사업의 준비와 실행 과정을 이끌어야 한다. 이는 사업 추진 과정에서 발생하는 다양한 문제를 해결하는 데 중요한 역할을 한다.

• 책임감과 헌신: 지자체의 수장으로서 공모사업의 성공을 위해 책임감을 가지고 헌신적으로 노력해야 한다. 이는 공무원들에게도 긍정적인 영향을 미친다.

| 3. 협력과 소통 강화

공모사업의 성공적인 추진을 위해서는 내부와 외부의 다양한 이해관계자들과의 협력이 필수적이다. 시장과 군수는 협력과 소통을 강화해야 한다.

• 내부 협력 강화: 지자체 의회 및 지자체 내의 부서 간 협력을 강화하여 통합적이고 효율적인 사업 추진을 도모해야 한다. 이를 위해 정기적인 회의와 협의체를 운영할 수 있다.

• 외부 협력 네트워크 구축: 중앙정부, 연구 기관, 민간 기업 등과의 협력 네트워크를 구축하여 다양한 자원과 정보를 활용할 수 있도록 한다. 이는 공모사업의 실효성을 높이는 데 기여한다.

| 4. 주민 참여와 협력 유도

시장은 주민들의 참여와 협력을 이끌어내어 공모사업의 실효성을 높여야 한다.

• 주민 의견 수렴: 주민들의 의견을 수렴하고, 이를 사업 계획에 반영하여 주민들이 실제로 필요로 하는 사업을 추진해야 한다. 주민 설명회, 공청회 등을 통해 주민들과의 소통을 강화할 수 있다.

• 주민 참여 확대: 주민들이 적극적으로 참여할 수 있는 프로그램을 마련하여 사업 추진 과정에서 주민들의 지지와 협력을 이끌어낸다. 이는 사업의 성공 가능성을 높이는 중요한 요소이다.

| 5. 지속 가능한 발전 도모

시장은 단기적인 성과에 그치지 않고 지속 가능한 발전을 도모해야 한다.

• 장기적 전략 수립: 공모사업을 통해 장기적인 지역 발전 전략을 수립하고 이를 실행해 나가야 한다. 이는 지역사회의 지속 가능한 성장을 이끄는 데 중요한 역할을 한다.

• 환경과 사회적 책임 고려: 공모사업의 추진 과정에서 환경 보호와 사회적 책임을 고려한 정책을 수립하여 지속 가능한 발전을 도모한다.

| 6. 성과 관리와 피드백

공모사업의 성공을 위해서는 성과 관리와 피드백이 중요하다. 시장은 이를 통해 사업의 질을 높이고 지속적인 개선을 도모해야 한다.

• 명확한 성과 지표 설정: 사업의 성과를 객관적으로 측정할 수 있는 지표를 설정하고 이를 통해 성과를 관리한다. 성과 지표는 구체적이고 측정 가능해야 한다.

• 지속적인 피드백 제공: 공무원들에게 지속적인 피드백을 제공하여, 사업 추진 과정에서 발생하는 문제를 신속히 해결하고 개선 방안

을 마련한다.

　지자체장인 시장과 군수의 마인드셋은 국비공모사업의 성공에 결정적인 영향을 미친다. 비전과 목표 설정, 적극적인 리더십 발휘, 협력과 소통 강화, 주민 참여와 협력 유도, 지속 가능한 발전 도모, 성과 관리와 피드백 등 다양한 측면에서 시장과 군수의 역할이 중요하다. 이를 통해 지자체는 국비공모사업을 성공적으로 추진하고 지역 발전과 주민 복지 향상을 도모할 수 있을 것이다. 시장과 군수는 이러한 과정을 통해 자신의 리더십을 발휘하고 지자체의 지속 가능한 발전을 이끄는 중요한 역할을 해야 한다.

⬣ ● ● 공무원들의 마인드셋과 태도

　국비공모사업의 성공은 공무원들의 마인드셋과 태도에 크게 좌우된다. 공무원들은 지역 발전과 주민 복지 향상을 위해 자신의 역할과 책임을 다해야 하며 적극적이고 긍정적인 자세로 임해야 한다. 공무원들의 마인드셋과 태도가 사업의 성패를 결정짓는 중요한 요소로 작용하기 때문에, 이를 바르게 설정하는 것이 필수적이다.

| 1. 적극적이고 주도적인 자세

　공무원들은 국비공모사업에 참여할 때 적극적이고 주도적인 자세를 가져야 한다. 이는 사업의 기획과 실행 과정에서 주도적인 역할을 수행하는 데 필요하다.

• 자발성: 자신의 역할을 능동적으로 수행하고 문제를 미리 예측하여 해결책을 모색하는 자발적인 자세가 필요하다.

• 책임감: 맡은 업무에 대해 책임감을 가지고 끝까지 완수하려는 태도가 중요하다. 이는 사업의 성공을 위해 필수적인 요소이다.

| 2. 팀워크와 협력 강화

국비공모사업은 여러 부서와의 협력이 필수적이다. 공무원들은 팀워크와 협력을 강화하여 통합적이고 효율적인 사업 추진을 도모해야 한다.

• 부서 간 협력: 부서 간의 협력을 통해 자원을 효율적으로 활용하고 문제를 해결하는 데 협력해야 한다. 이는 사업의 통합적 추진에 중요한 역할을 한다.

• 의사소통 강화: 팀원 간의 원활한 의사소통을 통해 정보와 아이디어를 공유하고 상호 협력할 수 있는 환경을 조성해야 한다.

| 3. 학습과 자기계발

공무원들은 국비공모사업의 성공을 위해 지속적인 학습과 자기계발에 힘써야 한다. 이는 변화하는 환경에 적응하고 최신 정보를 습득하는 데 중요하다.

• 지식 습득: 국비공모사업과 관련된 최신 동향과 정보를 지속적으로 학습하고, 이를 실무에 적용할 수 있는 능력을 키워야 한다.

• 자기계발: 자신의 전문성을 강화하기 위해 정기적인 교육과 연수를 통해 역량을 개발해야 한다. 이는 장기적인 성공을 위한 기반이 된다.

| 4. 혁신과 창의성

공무원들은 혁신적이고 창의적인 접근 방식을 통해 문제를 해결하고 새로운 기회를 모색해야 한다. 이는 국비공모사업의 경쟁력을 높이는 데 중요하다.

• 창의적 사고: 고정된 사고방식에서 벗어나 다양한 가능성을 모색하고 창의적인 해결책을 찾으려는 노력이 필요하다.

• 혁신 추구: 기존의 방식을 뛰어넘어 혁신적인 아이디어와 접근 방식을 통해 문제를 해결하고 사업의 경쟁력을 강화해야 한다.

| 5. 주민 중심의 접근

공무원들은 국비공모사업을 추진할 때 주민 중심의 접근 방식을 가져야 한다. 이는 주민들의 필요와 요구를 반영한 사업을 추진하는 데 중요하다.

• 주민 의견 수렴: 주민들의 의견을 적극적으로 수렴하고, 이를 사업 계획에 반영하여 주민들이 실제로 필요로 하는 사업을 추진해야 한다.

• 주민 참여 유도: 주민들이 적극적으로 참여할 수 있는 프로그램을 마련하여 사업 추진 과정에서 주민들의 지지와 협력을 이끌어내야 한다.

| 6. 성과 중심의 태도

공무원들은 성과 중심의 태도로 국비공모사업을 추진해야 한다. 이는 명확한 성과 목표를 설정하고, 이를 달성하기 위한 구체적인 계획을 수립하는 데 필요하다.

• 명확한 성과 지표 설정: 사업의 성과를 객관적으로 측정할 수 있는 지표를 설정하고, 이를 통해 성과를 관리해야 한다.

• 지속적인 성과 평가: 사업 진행 과정에서 지속적으로 성과를 평가하고, 필요한 경우 개선 방안을 마련하여 성과를 극대화해야 한다.

공무원들의 마인드셋과 태도는 국비공모사업의 성공에 중요한 역할을 한다. 적극적이고 주도적인 자세, 팀워크와 협력 강화, 학습과 자기계발, 혁신과 창의성, 주민 중심의 접근, 성과 중심의 태도 등 다양한 측면에서 공무원들의 마인드셋과 태도가 형성되어야 한다. 이를 통해 공무원들은 국비공모사업을 효과적으로 준비하고 실행하여 지역 발전과 주민 복지 향상을 도모할 수 있을 것이다. 성공적인 국비공모사업 참여는 지자체와 공무원들의 지속 가능한 발전을 위한 중요한 발판이 된다.

⬤●● 역량 강화를 위한 교육과 워크숍

국비공모사업에서 성공하기 위해서는 공무원들의 역량을 지속적으로 강화하는 것이 필수적이다. 이를 위해 체계적인 교육과 워크숍을 통해 최신 지식과 기술을 습득하고 실무 능력을 향상해야 한다. 역량 강화를 위한 교육과 워크숍의 중요성과 효과적인 운영 방법은 다음과 같다.

| 1. 역량 강화의 필요성

국비공모사업의 성공적인 추진을 위해서는 공무원들의 전문성과 실무 능력이 요구되며, 다음 이유로 역량 강화가 필요하다.

• 복잡한 절차 이해: 공모사업의 복잡한 절차와 규정을 이해하고, 이를 정확히 준수하기 위해 전문 지식이 필요하다.

• 효율적인 자원 관리: 제한된 자원을 효율적으로 관리하고, 최대한의 성과를 내기 위해 체계적인 관리 능력이 필요하다.

• 혁신과 창의성: 변화하는 환경에 맞춰 창의적이고 혁신적인 접근 방식을 개발하기 위해 지속적인 학습과 발전이 필요하다.

| 2. 교육과 워크숍의 구성 요소

효과적인 교육과 워크숍을 구성하기 위해 다음과 같은 요소들을 고려해야 한다.

• 목표 설정: 교육과 워크숍의 목표를 명확히 설정하여 참가자들이 무엇을 배우고 달성해야 하는지 명확히 한다.

• 커리큘럼 개발: 목표에 맞춘 체계적인 커리큘럼을 개발하여 단계별로 학습 내용을 구성한다. 이에는 이론 교육과 실습, 사례 분석 등이 포함될 수 있다.

• 전문 강사 초빙: 해당 분야의 전문 지식과 경험을 가진 강사를 초빙하여 참가자들에게 실질적인 도움을 줄 수 있는 교육을 제공한다.

• 참여형 학습 방법: 강의식 교육뿐만 아니라 토론, 실습, 그룹 활동 등 참여형 학습 방법을 도입하여 참가자들이 적극적으로 참여할 수 있도록 한다.

| 3. 교육과 워크숍 주제

공무원들의 역량 강화를 위해 다룰 수 있는 주요 교육과 워크숍 주제는 다음과 같다.

• **국비공모사업 절차와 규정:** 공모사업의 신청 절차, 평가 기준, 제출 서류 등 기본적인 내용을 이해하고 실무에서 이를 정확히 적용할 수 있도록 한다.

• **프로젝트 관리:** 프로젝트의 기획, 실행, 평가 등 전 과정에서 효율적인 관리 방법을 배우고, 이를 통해 성공적인 사업 추진을 도모한다.

• **예산 편성과 집행:** 예산 계획 수립, 자금 관리, 보고서 작성 등 예산 관련 업무를 체계적으로 수행할 수 있도록 교육한다.

• **성과 관리와 평가:** 사업의 성과를 측정하고 평가하는 방법을 배우고, 이를 통해 사업의 실효성을 높인다.

• **혁신과 창의적 문제 해결:** 창의적 사고와 혁신적인 접근 방식을 통해 문제를 해결하고 새로운 기회를 모색하는 방법을 학습한다.

• **주민 참여와 소통:** 주민들의 참여를 유도하고 효과적으로 소통하는 방법을 배워 주민 중심의 사업을 추진한다.

| 4. 교육과 워크숍의 운영 방법

교육과 워크숍을 효과적으로 운영하기 위해 다음과 같은 방법을 고려할 수 있다.

• 정기적인 교육 프로그램: 공무원들의 지속적인 역량 강화를 위해 정기적인 교육 프로그램을 운영한다. 이는 연간 계획을 수립하여 체계적으로 진행할 수 있다.

• 현장 실습과 사례 분석: 실제 사례를 기반으로 한 현장 실습과 사례 분석을 통해 실무 능력을 향상시킨다. 이를 통해 이론과 실무를 연계할 수 있다.

• 피드백 시스템 구축: 교육과 워크숍 후 참가자들의 피드백을 수집하고, 이를 바탕으로 교육 내용을 개선하여 지속적인 발전을 도모한다.

• 온라인 교육 플랫폼 활용: 시간과 장소의 세약 없이 학습할 수 있도록 온라인 교육 플랫폼을 활용하여 다양한 교육 자료와 강의를 제공한다.

공무원들의 역량 강화를 위한 교육과 워크숍은 국비공모사업의 성공을 위한 필수적인 요소이다. 체계적인 커리큘럼과 전문 강사를 통해 공무원들이 최신 지식과 기술을 습득하고, 실무 능력을 향상시킬 수 있도록 해야 한다. 정기적인 교육 프로그램, 현장 실습과 사례 분석, 피드백 시스템, 온라인 교육 플랫폼 등 다양한 방법을 활용하여 효과적인 교육과 워크숍을 운영할 수 있다.

어떤 프로그램과 강사를 선정해야 하는가?

국비공모사업의 성공적인 준비를 위해서는 적절한 교육 프로그램과 유능한 강사를 선정하는 것이 필수적이다. 교육 프로그램은 공무원들의 역량을 강화하고, 실무에서 필요한 지식을 습득하는 데 중요한 역할을 한다. 또한, 전문성과 경험을 갖춘 강사는 교육의 질을 높이고 실질적인 도움을 줄 수 있다. 어떤 프로그램과 강사를 선정해야 하는지에 대해 정리해 본다.

| 1. 교육 프로그램 선정 기준

적절한 교육 프로그램을 선정하기 위해서는 다음과 같은 기준을 고려해야 한다.

• 목표와 일치하는 프로그램: 교육 프로그램의 목표가 지자체와 공무원들의 필요와 일치하는지 확인해야 한다. 국비공모사업의 특성과 요구 사항을 반영한 프로그램을 선택해야 한다.

• 체계적인 커리큘럼: 교육 내용이 체계적으로 구성되어 있고, 단계별로 실질적인 학습이 이루어질 수 있는 커리큘럼을 갖춘 프로그램을 선택해야 한다.

• 실무 중심의 교육: 이론뿐만 아니라 실무에서 바로 적용할 수 있는 실질적인 내용이 포함된 프로그램을 선정해야 한다. 사례 분석, 실습, 그룹 활동 등이 포함된 프로그램이 효과적이다.

• 평가와 피드백 시스템: 교육 후 평가와 피드백을 통해 학습 효과를 점검하고, 부족한 부분을 보완할 수 있는 프로그램을 선택해야 한다.

| 2. 주요 교육 프로그램 유형

국비공모사업 준비를 위한 주요 교육 프로그램 유형은 다음과 같다.

• 기초 교육 프로그램: 국비공모사업의 기본적인 절차와 규정을 이해할 수 있도록 하는 기초 교육 프로그램. 공모사업의 신청 방법, 평가 기준, 제출 서류 작성법 등을 포함한다.

• 전문 분야 교육 프로그램: 특정 분야의 전문성을 강화하기 위한 프로그램 예산 편성, 프로젝트 관리, 성과 평가 등 분야별로 심화된 내용을 다룬다.

• 사례 분석 워크숍: 성공적이 국비공모사업 사례를 분석하고, 이를 통해 배운 교훈을 실무에 적용할 수 있도록 하는 워크숍 실전 경험을 공유하고, 다양한 문제 해결 방법을 학습한다.

- 창의적 문제 해결 교육: 창의적인 사고와 혁신적인 접근 방식을 통해 문제를 해결하는 능력을 키우기 위한 교육 프로그램, 브레인스토밍, 디자인 씽킹 등 다양한 창의적 기법을 활용한다.

- 주민 참여와 소통 교육: 주민들의 참여를 유도하고, 효과적으로 소통하는 방법을 배우기 위한 교육 프로그램, 주민 설명회, 공청회 등의 운영 방법과 소통 기술을 학습한다.

| 3. 강사 선정 기준

적절한 강사를 선정하기 위해서는 다음과 같은 기준을 고려해야 한다.

- 전문성: 해당 분야에 대한 깊은 지식과 경험을 갖춘 강사를 선정해야 한다. 국비공모사업의 특성을 이해하고, 실무에 적용할 수 있는 전문 지식을 전달할 수 있는 강사가 필요하다.

- 경험: 국비공모사업에서 실제로 성공한 경험을 가진 강사를 선택해야 한다. 성공 사례를 기반으로 한 구체적인 조언과 노하우를 제공할 수 있는 강사가 효과적이다.

- 교육 능력: 지식 전달뿐만 아니라 효과적인 교육 방법을 통해 학습자들의 참여를 유도하고, 이해를 돕는 능력을 갖춘 강사를 선정해야

한다. 이는 강의, 워크숍, 실습 등을 효과적으로 진행할 수 있는 능력을 포함한다.

• 소통 능력: 학습자들과 원활하게 소통하고, 질의응답을 통해 이해를 도울 수 있는 강사를 선택해야 한다. 친근하고 열정적인 태도로 학습자들의 참여를 이끌어낼 수 있어야 한다.

| 4. 프로그램과 강사 선정 절차

효과적인 교육 프로그램과 강사를 선정하기 위한 절차는 다음과 같다.

• 필요성 분석: 지자체와 공무원들의 교육 필요성을 분석하고, 이를 바탕으로 적절한 교육 프로그램의 목표와 내용을 설정한다.

• 프로그램 조사: 다양한 교육 프로그램을 조사하고 각 프로그램의 커리큘럼과 제공 내용을 비교 분석한다. 이를 통해 목표와 일치하는 프로그램을 선정한다.

• 강사 선정: 교육 프로그램에 적합한 강사를 물색하고 강사의 전문성과 경험, 교육 능력을 평가한다. 추천서나 과거 강의 평가 등을 참고하여 신뢰할 수 있는 강사를 선택한다.

• 예산 검토: 교육 프로그램과 강사의 비용을 검토하고 예산 내에서 최적의 선택을 한다. 예산 절감을 위해 필요한 경우 외부 지원이나 협력 기관을 통해 추가 자원을 확보한다.

• 계약 체결: 선정된 프로그램과 강사와의 계약을 체결하고 교육 일정과 내용을 구체적으로 협의한다.

적절한 교육 프로그램과 유능한 강사의 선정은 국비공모사업의 성공적인 준비와 실행을 위해 필수적이다. 목표와 일치하는 프로그램, 체계적인 커리큘럼, 실무 중심의 교육, 평가와 피드백 시스템 등을 고려하여 프로그램을 선정하고 전문성과 경험, 교육 능력, 소통 능력을 갖춘 강사를 선택해야 한다.

제2부

국비공모 사업계획서와
전략적인 접근

- **07** 공모사업의 전략적인 준비와 대응

- **08** 다른 지역과 다른 사업 콘셉트, 차별화

- **09** 차별적인 공모 사업계획서 작성

- **10** 열정과 매력을 담은 프레젠테이션

- **11** 평가위원을 감동시키는 현장평가

- **12** 지속 가능한 사업으로 지역을 활성화하라!

07 공모사업의 전략적인 준비와 대응

⬤●● 최적의 T/F팀을 구축하라!

국비공모사업의 성공적인 준비와 실행을 위해서는 내외부의 다양한 전문가와 이해관계자가 협력하는 최적의 테스크포스(T/F) 팀을 구축하는 것이 필수적이다. T/F 팀은 지자체의 주관부서, 주관기관, 수혜자, 외부 전문기관 등 다양한 구성원으로 이루어져야 하며, 이들의 협력을 통해 사업의 완성도를 높이고 성공 가능성을 극대화할 수 있다.

| 1. T/F 팀의 중요성

T/F 팀은 공모사업의 기획, 준비, 실행, 평가 과정에서 핵심적인 역할을 담당한다. 다음과 같은 이유로 T/F 팀의 구성이 중요하다.

• 통합적 접근: 다양한 부서와 기관의 협력을 통해 사업에 통합적으로 접근할 수 있다. 이는 자원의 효율적 활용과 문제 해결에 도움이 된다.

••국비공모사업 이렇게 준비하라!

• 전문성 강화: 외부 전문가와의 협력을 통해 사업의 전문성과 완성도를 높일 수 있다. 이는 공모사업의 경쟁력을 강화하는 데 기여한다.

• 책임 분담: 각 구성원의 역할과 책임을 명확히 함으로써 효율적인 업무 분담이 가능하다. 이는 사업의 추진 속도를 높이고 성과를 극대화하는 데 중요하다.

| 2. T/F 팀 구성 요소

최적의 T/F 팀을 구축하기 위해서는 다음과 같은 구성 요소를 고려해야 한다.

• 지자체 주관부서: 공모사업의 기획과 실행을 총괄하는 부서로, 전체적인 사업 진행을 관리하고 조율한다. 주관부서는 사업의 방향성과 목표를 설정하고 필요한 자원을 확보하는 역할을 한다.

• 주관기관: 공모사업의 실질적인 실행을 담당하는 기관으로 사업계획 수립, 예산 관리, 성과 평가 등을 담당한다. 주관기관은 전문성을 바탕으로 사업을 체계적으로 추진해야 한다.

• 수혜자: 사업의 직접적인 혜택을 받는 주민이나 단체로 사업의 필요성과 요구를 반영하여 사업 계획을 수립하는 데 기여한다. 수혜자는 사업의 성공을 위해 적극적으로 참여하고 협력해야 한다.

• 외부 전문기관: 사업 계획 수립과 실행을 지원하는 외부 전문가와 기관으로 사업의 완성도와 실효성을 높이는 역할을 한다. 외부 전문기관은 기술적 지원, 자문, 컨설팅 등을 통해 공모사업의 경쟁력을 강화한다.

| 3. T/F 팀 구성 단계

T/F 팀을 효과적으로 구성하기 위해서는 다음과 같은 단계를 거쳐야 한다.

• 필요성 분석: 공모사업의 목표와 필요성을 분석하고, 이를 달성하는 데 필요한 구성 요소를 파악한다. 이를 통해 T/F 팀의 목표와 역할을 명확히 설정할 수 있다.

• 구성원 선정: 각 구성 요소에 맞는 인력과 기관을 선정한다. 이때, 전문성과 경험을 갖춘 인력을 우선으로 고려해야 한다. 내부 구성원은 지자체의 행정적 이해를 바탕으로 선정하고, 외부 전문가와 기관은 해당 분야의 전문성을 기준으로 선정한다.

• 역할 분담: 각 구성원의 역할과 책임을 명확히 정의하고, 이를 기반으로 업무를 분담한다. 이를 통해 효율적인 업무 분담과 협력이 가능해진다.

• 협력 체계 구축: 정기적인 회의와 소통 채널을 통해 구성원 간의 협력 체계를 구축한다. 이를 통해 정보 공유와 문제 해결이 원활하게 이루어질 수 있다.

| 4. 주요 구성원의 역할과 책임

T/F 팀의 주요 구성원의 역할과 책임은 다음과 같다.

• 지자체 주관부서:
- 사업의 방향성과 목표 설정
- 전체적인 사업 진행 관리 및 조율
- 필요한 자원 확보 및 배분
- 성과 평가 및 보고

• 주관기관:
- 사업 계획 수립 및 실행
- 예산 관리 및 집행
- 성과 평가 및 피드백 제공
- 주민 참여 유도 및 협력 강화

• 수혜자:
- 사업의 필요성과 요구 반영
- 사업 실행 과정에서의 적극적인 참여
- 사업 결과에 대한 피드백 제공
- 주민 의견 수렴 및 반영

- 외부 전문기관:
  - 기술적 지원 및 자문
  - 차별적인 사업 계획 수립 및 실행 지원
  - 성과 평가 및 개선 방안 제시
  - 최신 정보 및 트렌드 제공

국비공모사업의 성공적인 준비와 실행을 위해서는 내외부의 다양한 전문가와 이해관계자가 협력하는 최적의 T/F 팀을 구축하는 것이 필수적이다. 지자체 주관부서, 주관기관, 수혜자, 외부 전문기관 등 다양한 구성원으로 이루어진 T/F 팀은 통합적 접근, 전문성 강화, 책임 분담을 통해 사업의 완성도를 높일 수 있다. 필요성 분석, 구성원 선정, 역할 분담, 협력 체계 구축 등의 단계를 거쳐 효과적인 T/F 팀을 구성하고 운영함으로써 지자체는 국비공모사업을 성공적으로 추진하고, 지역 발전과 주민 복지 향상을 도모할 수 있을 것이다.

◦●● 준비 과제와 역할을 할당하라!

국비공모사업의 성공적인 준비와 실행을 위해서는 명확한 준비 과제와 역할 할당이 필수적이다. T/F 팀을 구성한 이후, 각 구성원에게 구체적인 역할과 책임을 할당하고, 체계적인 계획을 수립하여 준비 과제를 수행해야 한다. 이를 통해 사업의 효율성을 높이고 목표 달성 가능성을 극대화할 수 있다.

1. 준비 과제 설정

먼저, 국비공모사업을 위한 주요 준비 과제를 설정해야 한다. 이를 통해 전체적인 방향성과 목표를 명확히 하고 체계적인 준비를 할 수 있다.

• 사업 목표 설정: 사업의 구체적인 목표와 기대 효과를 설정한다. 이를 통해 모든 구성원이 동일한 목표를 가지고 사업을 추진할 수 있다.

• 사업 계획 수립: 사업의 전반적인 계획을 수립하고, 이를 구체화한다. 여기에는 사업 내용, 추진 일정, 예산 계획 등이 포함된다.

• 필요 자원 확보: 사업을 성공적으로 추진하는 데 필요한 자원을 파악하고, 이를 확보하는 계획을 수립한다. 이는 인적 자원, 재정 자원, 물적 자원 등을 포함한다.

• 리스크 관리 계획: 사업 추진 과정에서 발생할 수 있는 리스크를 식별하고, 이를 관리하기 위한 대책을 마련한다.

2. T/F 구성원의 역할 할당

T/F 팀의 각 구성원에게 명확한 역할과 책임을 할당하여 효율적인 업무 분담을 도모한다.

• 팀장: 사업 전체를 총괄하고 구성원 간의 조정을 담당한다. 팀장은 사업 방향성을 설정하고 주요 결정을 내리는 역할을 한다.

• 기획 담당자: 사업 계획 수립과 관련된 업무를 담당한다. 기획 담당자는 사업의 목표와 내용을 구체화하고 추진 전략을 마련한다.

• 예산 담당자: 예산 편성과 관리 업무를 담당한다. 예산 담당자는 자금 확보, 예산 집행, 재정 보고 등을 책임진다.

• 실행 담당자: 사업의 실행과 관련된 실무 업무를 담당한다. 실행 담당자는 사업이 계획대로 진행될 수 있도록 관리하고 문제 발생 시 신속히 대응한다.

• 홍보 담당자: 사업의 홍보와 관련된 업무를 담당한다. 홍보 담당자는 주민과 이해관계자들에게 사업 내용을 알리고 참여를 유도하는 역할을 한다.

• 평가 담당자: 사업의 성과 평가와 관련된 업무를 담당한다. 평가 담당자는 성과 지표를 설정하고, 사업 진행 상황을 모니터링하며, 평가 결과를 보고한다.

| 3. 수행 일정 수립

효율적인 사업 추진을 위해서는 구체적인 수행 일정을 수립해야 한다. 이는 각 준비과제의 진행 상황을 체계적으로 관리하고 사업이 계획대로 진행될 수 있도록 돕는다.

• 단계별 일정 수립: 사업 준비, 실행, 평가 등 단계별로 구체적인 일정을 설정한다. 이를 통해 단계별로 필요한 준비과제와 역할을 명확히 한다.

• 마일스톤 설정: 주요 목표 달성 시점을 마일스톤으로 설정하고, 이를 기반으로 진행 상황을 점검한다. 마일스톤은 중요한 결정이나 성과를 확인할 수 있는 시점을 의미한다.

• 주간/월간 점검 회의: 정기적인 점검 회의를 통해 각 준비과제의 진행 상황을 확인하고 필요한 조치를 취한다. 이를 통해 계획된 일정에 따라 사업이 원활히 진행될 수 있다.

| 4. 필요 자원과 조달 계획

사업을 성공적으로 추진하는 데 필요한 자원을 확보하고 이를 조달하는 계획을 수립한다.

• 인적 자원: 사업 추진에 필요한 인력을 파악하고, 이를 확보한다. 필요시 외부 전문가를 초빙하거나 내부 인력을 재배치할 수 있다.

• 재정 자원: 사업에 필요한 예산을 파악하고, 이를 확보하기 위한 재정 계획을 수립한다. 국비 지원 외에도 지방비, 민간 자원 등을 활용할 수 있는 방안을 모색한다.

• 물적 자원: 사업 추진에 필요한 물적 자원(시설, 장비 등)을 파악하고 이를 확보한다. 필요시 외부 협력 기관과의 협력을 통해 자원을 조달할 수 있다.

【준비과제 등 체크리스트 사례】

준비과제	담당자	역할 및 책임	수행 일정	필요 자원	진행 상태
사업 목표 설정	팀장	사업의 구체적인 목표와 기대 효과 설정		–	완료
사업 계획 수립	기획 담당자 외부기관	사업 내용, 추진 전략, 예산 계획 수립		–	진행 중
예산 확보 계획	예산 담당자 외부기관	국비, 지방비, 민간자원 확보 계획 수립		재정 자원	준비 중
자원 파악 및 확보	예산/실행 담당자	인적, 물적 자원 파악 및 확보		인적 물적 자원	준비 중
리스크 관리 계획	기획 담당자	리스크 식별 및 관리 대책 마련		–	준비 중
주민 의견 수렴	담당자	주민 설명회 및 설문조사 실시		–	준비 중
사업 홍보 계획	담당자	홍보 전략 수립 및 실행		–	준비 중
성과 지표 설정	평가 담당자	사업 성과를 측정할 수 있는 지표 설정		–	준비 중

• •국비공모사업 이렇게 준비하라!

정기 점검 회의	팀장	주간/월간 점검 회의 일정 수립 및 진행		–	준비 중
중간 진행 보고	평가 담당자	사업 중간 성과 보고 및 피드백 수렴		–	예정
최종 준비 내용 보고		최종 준비내용 및 사업 계획서 확인		–	예정

국비공모사업의 성공적인 준비와 실행을 위해서는 명확한 준비과제와 역할 할당이 필수이다. T/F 팀의 각 구성원에게 구체적인 역할과 책임을 할당하고, 체계적인 수행 일정을 수립하여 준비과제를 효과적으로 수행해야 한다. 필요 자원을 확보하고, 이를 조달하는 계획을 마련함으로써 사업의 효율성을 높이고, 목표 달성 가능성을 극대화할 수 있다.

●● 이해관계자의 공감과 적극적인 참여를 이끌어라!

국비공모사업의 성공적인 추진을 위해서는 다양한 이해관계자의 공감과 적극적인 참여가 필수적이다. 이해관계자는 주관부서, 수혜자, 주민, 의회, 관계부서 등으로 구성되며, 이들의 협력과 지지가 사업의 성패를 결정짓는 중요한 요소가 된다. 이해관계자의 공감과 참여를 이끌어내기 위한 전략적인 접근 방법은 다음과 같다.

| 1. 주관부서

주관부서는 공모사업의 기획과 실행을 담당하는 핵심 부서로 사업의 방향성과 목표를 설정하고 전체적인 추진 과정을 관리한다.

• 명확한 목표와 비전 공유: 주관부서는 사업의 목표와 비전을 명확히 설정하고, 이를 이해관계자들과 공유해야 한다. 이를 통해 사업의 중요성과 기대 효과를 명확히 전달할 수 있다.

• 지속적인 소통 채널 구축: 정기적인 회의와 보고를 통해 이해관계자들과 지속적으로 소통하고 사업 진행 상황을 공유해야 한다. 이를 통해 신뢰를 구축하고 협력을 강화할 수 있다.

| 2. 수혜자

수혜자는 공모사업의 직접적인 혜택을 받는 주민이나 단체로 이들의 요구와 필요를 반영하는 것이 중요하다.

• 수혜자의 요구와 필요 반영: 사업 계획 수립 과정에서 수혜자의 요구와 필요를 적극적으로 반영해야 한다. 이를 위해 사전조사를 실시하고 수혜자들과의 면담을 통해 구체적인 의견을 수렴할 수 있다.

• 참여 유도와 협력 강화: 수혜자들이 적극적으로 사업에 참여하고

협력할 수 있도록 유도해야 한다. 이를 위해 참여 프로그램을 마련하고 수혜자들의 의견을 반영한 활동을 추진할 수 있다.

| 3. 주민

주민들은 공모사업의 간접적인 혜택을 받는 이해관계자로 이들의 지지와 협력이 사업 성공에 중요한 역할을 한다.

• 주민 의견 수렴과 반영: 주민들의 의견을 수렴하고 이를 사업 계획에 반영해야 한다. 이를 위해 주민 설명회, 공청회, 설문조사 등을 실시할 수 있다.

• 투명한 정보 제공: 사업 진행 상황과 성과를 투명하게 공개하고 주민들에게 지속적으로 정보를 제공해야 한다. 이를 통해 주민들의 신뢰를 얻고 지지를 이끌어낼 수 있다.

| 4. 의회

의회는 공모사업의 승인과 예산 지원을 담당하는 중요한 이해관계자로 이들의 지지와 협조가 필요하다.

• 사업 필요성과 기대 효과 설명: 의회에 사업의 필요성과 기대 효과를 명확히 설명하고 사업의 중요성을 강조해야 한다. 이를 위해 상세한

사업계획서와 기대 효과 분석 자료를 제공할 수 있다.

• 정기 보고와 협의: 사업 진행 상황을 정기적으로 의회에 보고하고 협의 과정을 통해 의회의 지지와 협조를 이끌어내야 한다.

| 5. 관계부서

관계부서는 공모사업의 성공적인 추진을 위해 협력해야 하는 지자체 내의 다양한 부서를 의미한다.

• 부서 간 협력 체계 구축: 관계부서 간의 협력 체계를 구축하고 각 부서의 역할과 책임을 명확히 해야 한다. 이를 통해 효율적인 업무 분담과 협력이 가능해진다.

• 정보 공유와 협력 강화: 관계부서 간의 정보 공유와 협력을 강화하여 사업의 통합적 추진을 도모해야 한다. 정기적인 회의와 협의를 통해 문제를 해결하고 협력 방안을 모색할 수 있다.

국비공모사업의 성공적인 추진을 위해서는 다양한 이해관계자의 공감과 적극적인 참여가 필수적이다. 주관부서, 수혜자, 주민, 의회, 관계부서 등 각 이해관계자의 역할과 중요성을 명확히 인식하고, 이들의 협력과 지지를 이끌어내기 위한 전략적인 접근이 필요하다. 명확한 목표와 비전 공유, 지속적인 소통 채널 구축, 의견 수렴과 반영, 투명한 정보 제공, 정기 보고와 협의, 부서 간 협력 체계 구축 등을 통해 이해관계자들의 공감과 참여를 유도함으로써 공모사업의 성공 가능성을 극대화할 수 있을 것이다.

●●● 선정 목표를 명확히 하고 집중하라!

국비공모사업의 성공적인 추진을 위해서는 명확한 목표 설정과 집중적인 노력이 필요하다. 선정 목표를 명확히 하고 이를 달성하기 위해 체계적인 계획과 전략을 수립하는 것은 사업의 성공을 위해 필수적이다.

| 1. 명확한 목표 설정

명확한 목표 설정은 사업의 방향성과 추진 전략을 명확히 하고, 이해관계자들 간의 일관된 협력을 이끌어내는 데 중요하다.

• 구체적이고 측정 가능한 목표 설정: 목표는 구체적이고 측정 가능한 형태로 설정해야 한다. 예를 들어, "지역 내 일자리 창출" 대신 "지역 내 100개의 일자리 창출"과 같이 구체적인 수치를 포함한 목표를 설정한다.

• 단기 및 장기 목표 구분: 단기적으로 달성 가능한 목표와 장기적으

로 추진할 목표를 구분하여 설정한다. 이는 단계별로 목표를 달성하고 지속적인 발전을 도모하는 데 도움이 된다.

• 주민과의 목표 공유: 설정된 목표를 주민들과 공유하여 주민들이 사업의 방향성과 기대 효과를 이해하고 지지할 수 있도록 한다. 이는 주민들의 협력과 참여를 유도하는 데 중요하다.

| 2. 목표 달성을 위한 전략 수립

목표를 달성하기 위해서는 체계적이고 구체적인 전략을 수립해야 한다. 이는 목표를 실현 가능한 계획으로 전환하는 과정이다.

• 세부 계획 수립: 각 목표를 달성하기 위한 세부 계획을 수립한다. 이는 필요한 자원, 예산, 일정 등을 포함하여 구체적으로 작성해야 한다.

• 단계별 실행 전략: 목표 달성을 위해 필요한 단계를 구체적으로 설정하고 단계별로 실행 전략을 마련한다. 이는 단계별로 목표를 체계적으로 달성하는 데 도움이 된다.

• 위험 관리 계획: 목표 달성 과정에서 발생할 수 있는 위험 요소를 식별하고 이를 관리하기 위한 대책을 마련한다. 이는 사업의 안정성과 성공 가능성을 높이는 데 중요하다.

| 3. 집중적인 노력과 자원 투입

목표를 달성하기 위해서는 집중적인 노력과 자원의 효율적 투입이 필요하다.

• 자원 배분의 효율성: 필요한 인적, 물적, 재정 자원을 효율적으로 배분하여 목표 달성에 집중한다. 이는 자원의 낭비를 방지하고 최대한의 성과를 이끌어내는 데 중요하다.

• 우선순위 설정: 목표 달성을 위한 활동의 우선순위를 설정하고 중요한 과제에 집중적인 노력을 기울인다. 이를 통해 핵심 목표를 신속히 달성할 수 있다.

• 성과 중심의 접근: 모든 활동을 성과 중심으로 접근하여 목표 달성에 직접적으로 기여하는 활동에 자원을 집중한다. 이는 효율적인 목표 달성을 위한 필수적인 전략이다.

| 4. 지속적인 모니터링과 평가

목표 달성 과정을 지속적으로 모니터링하고 평가함으로써 계획대로 진행되는지 점검하고 필요한 조치를 취한다.

• 성과 지표 설정: 목표 달성을 측정할 수 있는 성과 지표를 설정하

고, 이를 통해 진행 상황을 지속적으로 모니터링한다.

• 정기적인 평가와 피드백: 정기적인 평가를 통해 목표 달성 정도를 점검하고, 필요한 경우 전략을 수정하거나 보완한다. 피드백을 통해 개선점을 찾아내고, 이를 반영하여 목표 달성에 한 걸음 더 나아간다.

• 문제 해결 및 개선 조치: 모니터링과 평가 과정에서 발견된 문제를 신속히 해결하고 개선 조처를 하여 목표 달성에 방해가 되는 요소를 제거한다.

| 5. 사례를 통한 학습과 벤치마킹

성공적인 목표 달성을 위해 다른 지자체나 유사 사업의 성공 사례를 분석하고 벤치마킹하는 것도 중요하다.

• 성공 사례 분석: 다른 지자체의 성공 사례를 분석하여 목표 달성을 위한 유용한 전략과 방법을 학습한다. 이를 통해 자사의 목표 달성 전략을 개선할 수 있다.

• 벤치마킹: 유사한 목표를 가진 사업의 성공 사례를 벤치마킹하여 자사의 목표 달성 전략에 적용한다. 이는 검증된 방법을 활용하여 목표 달성 가능성을 높이는 데 도움이 된다.

국비공모사업의 성공적인 추진을 위해서는 명확한 목표 설정과 집중적인 노력이 필수적이다. 구체적이고 측정 가능한 목표를 설정하고, 이를 달성하기 위한 체계적인 전략을 수립하며, 자원의 효율적 배분과 집중적인 노력을 기울여야 한다. 또한, 지속적인 모니터링과 평가를 통해 목표 달성 과정을 점검하고, 필요한 개선 조치를 함으로써 성공 가능성을 극대화할 수 있다. 다른 지자체의 성공 사례를 벤치마킹하여 자사의 전략에 적용함으로써 목표 달성에 한 걸음 더 다가갈 수 있을 것이다.

●● 체계적인 준비 과정과 열정을 증명하라!

국비공모사업의 성공적인 추진을 위해서는 체계적인 준비 과정과 열정을 증명하는 것이 필수적이다. 이를 통해 지자체는 사업의 실현 가능성과 성과를 극대화할 수 있으며 평가자들에게 신뢰와 믿음을 줄 수 있다.

| 1. 체계적인 준비 과정 수립

체계적인 준비 과정을 수립하는 것은 공모사업의 성공을 위한 기초 작업이다. 이는 명확한 계획과 전략을 바탕으로 이루어져야 한다.

• 구체적인 사업계획서 작성: 사업의 목표, 추진 전략, 예산, 일정 등을 포함한 구체적인 사업계획서를 작성한다. 이는 사업의 방향성과 목표를 명확히 하고 체계적인 준비 과정을 위한 기초 자료가 된다.

• 단계별 추진 계획 수립: 사업 준비, 실행, 평가 등 각 단계를 체계적으로 구분하고 단계별 추진 계획을 수립한다. 이를 통해 단계별로 필요한 준비 과제와 역할을 명확히 할 수 있다.

• 자원 확보 계획: 사업 추진에 필요한 인적, 물적, 재정 자원을 파악하고, 이를 확보하기 위한 구체적인 계획을 수립한다. 이는 자원의 효율적 활용과 목표 달성에 필수적이다.

• 리스크 관리 계획: 사업 추진 과정에서 발생할 수 있는 리스크를 식별하고 이를 관리하기 위한 대책을 마련한다. 이는 사업의 안정성과 성공 가능성을 높이는 데 중요하다.

| 2. 열정적인 추진 의지 증명

사업 추진의 열정을 증명하는 것은 평가자들에게 신뢰를 줄 수 있는 중요한 요소이다. 이를 위해 다음과 같은 방법을 활용할 수 있다.

• 명확한 비전과 목표 제시: 사업의 비전과 목표를 명확히 제시하고, 이를 달성하기 위한 열정을 강조한다. 이는 사업의 중요성과 필요성을

•• 국비공모사업 이렇게 준비하라!

평가자들에게 전달하는 데 도움이 된다.

• 주민과의 적극적인 소통: 주민들과의 적극적인 소통을 통해 사업에 대한 열정을 증명한다. 주민 설명회, 공청회, 설문조사 등을 통해 주민들의 의견을 수렴하고 이를 사업 계획에 반영한다.

• 지속적인 노력과 헌신: 사업 준비 과정에서의 지속적인 노력과 헌신을 증명한다. 정기적인 회의와 보고, 문제 해결을 위한 노력 등을 통해 열정을 보여줄 수 있다.

| 3. 성과 중심의 접근

체계적인 준비 과정과 열정을 증명하기 위해서는 성과 중심의 접근이 필요하다. 이는 사업의 목표를 달성하기 위한 구체적인 성과 지표와 평가 기준을 설정하는 것을 포함한다.

• 성과 지표 설정: 사업의 성과를 측정할 수 있는 구체적인 성과 지표를 설정한다. 이는 목표 달성 여부를 평가할 수 있는 기준이 된다.

• 정기적인 평가와 피드백: 정기적인 평가를 통해 성과를 점검하고, 필요한 경우 전략을 수정하거나 보완한다. 피드백을 통해 개선점을 찾아내고 이를 반영하여 목표 달성에 한 걸음 더 나아간다.

• 성과 보고서 작성: 성과를 객관적으로 평가하고 보고하는 성과 보

고서를 작성한다. 이는 사업의 진행 상황과 성과를 평가자들에게 명확히 전달하는 데 중요하다.

| 4. 성공 사례 분석과 벤치마킹

성공적인 사례를 분석하고 벤치마킹하는 것은 체계적인 준비 과정과 열정을 증명하는 데 중요한 방법이다.

• 성공 사례 분석: 다른 지자체의 성공 사례를 분석하여 사업 추진 과정에서의 성공 요인과 전략을 학습한다. 이를 통해 자사의 사업 계획을 개선하고 성공 가능성을 높일 수 있다.

• 벤치마킹: 유사한 목표를 가진 사업의 성공 사례를 벤치마킹하여 자사의 사업 추진 전략에 적용한다. 이는 검증된 방법을 활용하여 목표 달성 가능성을 높이는 데 도움이 된다.

【생활권 단위 로컬브랜딩 사례】

③ 전라북도 임실군 임실읍
《 임실치즈마을 (74페이지) 》
*로컬브랜딩의 대표적인 원조 성공사례

로컬브랜딩 유형 | **기존가치 강화형** | 기존의 산지 환경을 활용하여 낙농업을 발전시킴

대상 생활권 | 임실군 **2개 읍면동**(임실읍·성수면) 일대(102,534㎡)

로컬브랜딩 과정

활용한 지역 고유성		지자체 추진 지원사업
농사지을 땅은 부족하지만, 산지가 많아 산양을 키우기 적합한 **자연환경**	+	임실치즈테마파크(2012) 및 치즈마을 농촌테마공원 조성(2019)

▼

목장형 유가공업을 기반으로 **체험형 치즈마을** 조성, **관광객 증가** 및 **마을 수익 창출**

---

④ 전라북도 전주시 풍남동
《 한옥마을 (144페이지) 》
*문화유산으로 도시의 매력을 만들어낸 로컬브랜딩 대표사례

로컬브랜딩 유형 | **기존가치 강화형** | 일제강점기부터 위치했던 한옥마을을 관광지구로 조성

대상 생활권 | 전북 전주시 완산구 풍남동 **한옥마을 지구** 일대(298,260㎡)

로컬브랜딩 과정

활용한 지역 고유성		지자체 추진 지원사업
한옥이라는 **역사 자원**, 오랜 기간 존속해온 **지역 커뮤니티**, 각계각층 주민의 높은 참여	+	**경기전 부속시설 복원 및 5개 전통문화 시설** 조성사업을 추진하고, 불법광고물전시물 철거 등 한옥마을 주변 **지역환경 정비** 추진 * 전통문화관 한옥체험관 전통술박물관 공예품전시관 전주명품관

▼

전주시 인구 10배의 **관광객**(2021년 기준 776만 명)이 찾는 **국내 대표 로컬브랜딩** 마을 조성

자료 : 행정안전부

| 5. 주민 참여와 협력 강화

주민들의 참여와 협력은 체계적인 준비 과정과 열정을 증명하는 데 중요한 요소이다. 이를 위해 다음과 같은 방법을 활용할 수 있다.

• 주민 의견 수렴과 반영: 주민들의 의견을 적극적으로 수렴하고, 이를 사업 계획에 반영한다. 주민 설명회, 공청회, 설문조사 등을 통해 주민들의 의견을 수렴하고 이를 사업 계획에 반영한다.

• 투명한 정보 제공: 사업 진행 상황과 성과를 투명하게 공개하고 주민들에게 지속적으로 정보를 제공한다. 이를 통해 주민들의 신뢰를 얻고 지지를 이끌어낼 수 있다.

• 주민 참여 프로그램 마련: 주민들이 적극적으로 참여할 수 있는 프로그램을 마련하여 사업 추진 과정에서의 협력을 강화한다. 이는 사업의 실효성을 높이는 데 중요하다.

국비공모사업의 성공적인 추진을 위해서는 체계적인 준비 과정과 열정을 증명하는 것이 필수적이다. 구체적인 사업계획서 작성, 단계별 추진 계획 수립, 자원확보 계획, 리스크 관리 계획 등을 통해 체계적인 준비 과정을 수립하고, 명확한 비전과 목표 제시, 주민과의 적극적인 소통, 지속적인 노력과 헌신 등을 통해 열정을 증명해야 한다. 성과 중심의 접근과 성공 사례 분석, 벤치마킹을 통해 목표 달성 가능성을 높이고, 주민 참여와 협력을 강화함으로써 사업의 실효성을 극대화할 수 있다.

08 다른 지역과 다른 사업 콘셉트, 차별화

●●● 로컬 활성화에서 콘셉트는?

로컬 활성화는 지역의 경제, 문화, 사회적 역동성을 높여 지역 주민의 삶의 질을 향상시키고, 지속 가능한 발전을 도모하는 것을 목표로 한다. 이러한 로컬 활성화에서 콘셉트는 매우 중요한 역할을 한다. 콘셉트는 단순한 사업 아이디어를 넘어 지역의 특성을 반영하고, 차별화된 가치를 창출하여 지역의 매력도를 높이는 데 기여한다.

| 1. 로컬 활성화 콘셉트의 의미

로컬 활성화에서 콘셉트는 지역의 고유한 특성과 자원을 바탕으로 독창적이고 차별화된 방향성을 설정하는 것을 의미한다. 이는 지역 주민과 방문객에게 새로운 경험과 가치를 제공하고 지역의 경쟁력을 강화하는 데 중요한 역할을 한다.

• 지역 특성 반영: 지역의 역사, 문화, 자연환경 등 고유한 특성을 반영하여 콘셉트를 설정한다. 이는 지역의 정체성을 강화하고 주민들의 자부심을 높이는 데 기여한다.

• 차별화된 가치 창출: 다른 지역과 차별화되는 독특한 가치를 창출하여 지역의 매력을 높인다. 이는 방문객 유치와 지역경제 활성화에 긍정적인 영향을 미친다.

• 지속 가능성 고려: 콘셉트는 단기적인 성과보다는 장기적인 지속 가능성을 고려하여 설정해야 한다. 이는 지역의 지속 가능한 발전을 도모하는 데 중요하다.

| 2. 로컬 활성화 콘셉트의 중요성

콘셉트는 로컬 활성화의 성공을 좌우하는 핵심 요소이다. 명확하고 차별화된 콘셉트는 다양한 이점을 제공한다.

• 명확한 방향성 제시: 콘셉트는 로컬 활성화의 방향성을 명확히 제시하여 모든 이해관계자가 동일한 목표를 가지고 협력할 수 있도록 한다.

• 효과적인 자원 활용: 콘셉트는 지역의 고유한 자원과 강점을 최대한 활용할 수 있도록 하여 효과적인 자원 활용을 가능하게 한다.

• 브랜드 가치 증대: 독창적이고 차별화된 콘셉트는 지역의 브랜드 가치를 높이고 방문객과 주민들에게 긍정적인 이미지를 심어줄 수 있다.

• 경쟁력 강화: 다른 지역과 차별화되는 콘셉트는 지역의 경쟁력을 강화하여 외부 자원을 유치하고 지역경제를 활성화하는 데 기여한다.

| 3. 효과적인 로컬 활성화 콘셉트 설정 방법

효과적인 로컬 활성화 콘셉트를 설정하기 위해서는 다음과 같은 방법을 고려해야 한다.

• 지역 자원과 강점 분석: 지역의 고유한 자원과 강점을 분석하여, 이를 바탕으로 콘셉트를 설정한다. 이는 지역의 특성을 최대한 활용할 수 있도록 한다.

• 주민 참여 유도: 주민들의 의견과 아이디어를 반영하여 콘셉트를 설정한다. 주민 참여는 콘셉트의 실효성을 높이고 주민들의 지지를 이끌어내는 데 중요하다.

• 사례 연구와 벤치마킹: 다른 지역의 성공적인 로컬 활성화 사례를 연구하고 벤치마킹하여 자사의 콘셉트 설정에 반영한다. 이는 검증된 방법을 통해 성공 가능성을 높이는 데 도움이 된다.

• 지속 가능성 고려: 단기적인 성과보다는 장기적인 지속 가능성을 고려하여 콘셉트를 설정한다. 이는 지역의 지속 가능한 발전을 도모하는 데 중요하다.

• 창의적이고 혁신적인 접근: 창의적이고 혁신적인 접근을 통해 독창적이고 차별화된 콘셉트를 창출한다. 이는 지역의 경쟁력을 강화하고 새로운 가치를 창출하는 데 도움이 된다.

로컬 활성화에서 콘셉트는 지역의 고유한 특성과 자원을 바탕으로 독창적이고 차별화된 방향성을 설정하는 것을 의미한다. 이는 지역의 경쟁력을 강화하고, 주민들의 삶의 질을 향상시키며, 지속 가능한 발전을 도모하는 데 중요한 역할을 한다. 효과적인 로컬 활성화 콘셉트를 설정하기 위해서는 지역 자원과 강점 분석, 주민 참여 유도, 사례 연구와 벤치마킹, 지속 가능성 고려, 창의적이고 혁신적인 접근 등이 필요하다.

●●● 공모사업에서의 차별적인 콘셉트의 의미

지역 공모사업에서의 차별적인 콘셉트는 해당 지역만의 고유한 특성과 강점을 부각시키고, 이를 바탕으로 다른 지역과 차별화되는 독창적인 아이디어와 방향성을 설정하는 것을 의미한다. 이는 공모사업의 경쟁력을 높이고, 성공 가능성을 극대화하는 데 중요한 역할을 한다.

| 1. 지역 고유의 정체성 반영

차별적인 콘셉트는 해당 지역의 고유한 정체성을 반영해야 한다. 지역의 역사, 문화, 자연환경, 주민들의 삶의 방식 등 고유한 요소를 콘셉트에 담아내어 다른 지역과의 차별화를 꾀한다.

• 역사와 문화: 지역의 역사적 유산과 문화적 자산을 반영한 콘셉트를 통해 지역의 고유한 매력을 부각할 수 있다.

• 자연환경: 지역의 독특한 자연환경을 활용하여 친환경적이고 지속가능한 콘셉트를 설정한다. 이는 지역의 특색을 살리고 환경 보호에도 기여할 수 있다.

• 주민의 삶의 방식: 지역 주민들의 삶의 방식을 존중하고 반영한 콘셉트를 통해 주민들의 공감을 얻고 참여를 유도할 수 있다.

| 2. 경쟁력 강화

차별적인 콘셉트는 공모사업의 경쟁력을 강화하는 중요한 요소이다. 독창적이고 차별화된 콘셉트를 통해 공모사업의 가치를 높이고 평가자들에게 강한 인상을 남길 수 있다.

• 독창성: 독창적인 아이디어와 접근 방식을 통해 다른 공모사업과

차별화된 가치를 제공한다. 이는 평가자들에게 신선한 인상을 주고 높은 평가를 받을 수 있다.

• 특화 전략: 지역의 특성과 강점을 반영한 특화 전략을 통해 경쟁력을 강화한다. 이는 공모사업의 실효성을 높이고 성공 가능성을 극대화하는 데 기여한다.

• 브랜드 가치 증대: 차별적인 콘셉트를 통해 지역의 브랜드 가치를 높이고 외부의 관심과 지원을 유도할 수 있다. 이는 지역경제 활성화와 지속 가능한 발전에 긍정적인 영향을 미친다.

| 3. 주민 참여와 협력 유도

차별적인 콘셉트는 주민들의 참여와 협력을 유도하는 데 중요한 역할을 한다. 주민들의 의견과 아이디어를 반영한 콘셉트는 주민들의 공감을 얻고 자발적인 참여를 이끌어낼 수 있다.

• 주민 의견 반영: 주민들의 의견과 요구를 반영하여 콘셉트를 설정함으로써 주민들의 지지와 협력을 이끌어낼 수 있다.

• 참여 프로그램 마련: 주민들이 적극적으로 참여할 수 있는 프로그램을 마련하여 사업 추진 과정에서 주민들의 협력을 강화한다.

• 공감대 형성: 주민들과의 소통을 통해 공감대를 형성하고 콘셉트의 실효성을 높인다. 이는 사업의 성공 가능성을 높이는 데 중요하다.

| 4. 지속 가능성 강조

차별적인 콘셉트는 지속 가능성을 강조해야 한다. 단기적인 성과보다는 장기적인 지속 가능성을 고려하여 콘셉트를 설정함으로써 지역의 지속 가능한 발전을 도모할 수 있다.

• 환경적 지속 가능성: 친환경적이고 지속 가능한 콘셉트를 통해 지역의 자연환경을 보호하고 지속 가능한 발전을 도모한다.

• 경제적 지속 가능성: 지역경제를 활성화하고 장기적으로 지속 가능한 경제 구조를 구축할 수 있는 콘셉트를 설정한다.

• 사회적 지속 가능성: 주민들의 삶의 질을 향상시키고 사회적 통합과 협력을 강화하는 콘셉트를 통해 사회적 지속 가능성을 도모한다.

| 5. 평가자에게 강한 인상 제공

차별적인 콘셉트는 평가자들에게 강한 인상을 제공하여 공모사업의 선정 가능성을 높이는 중요한 요소이다.

• 명확한 메시지 전달: 차별적인 콘셉트를 통해 명확한 메시지를 전달하고 공모사업의 목표와 기대 효과를 평가자들에게 효과적으로 전달할 수 있다.

• 혁신성과 창의성: 혁신적이고 창의적인 접근 방식을 통해 평가자들에게 신선한 인상을 주고 높은 평가를 받을 수 있다.

• 실현 가능성 증명: 차별적인 콘셉트를 기반으로 실현 가능한 계획과 전략을 제시함으로써 평가자들에게 공모사업의 실현 가능성을 증명할 수 있다.

지역 공모사업에서의 차별적인 콘셉트는 해당 지역민의 고유한 특성과 강점을 부각하고, 독창적이고 차별화된 방향성을 설정하는 것을 의미한다. 이는 공모사업의 경쟁력을 높이고, 성공 가능성을 극대화하는 데 중요한 역할을 한다. 차별적인 콘셉트는 지역 고유의 정체성을 반영하고, 경쟁력을 강화하며, 주민 참여와 협력을 유도하고, 지속 가능성을 강조함으로써 평가자들에게 강한 인상을 제공할 수 있다.

●● 공모사업에서 차별적인 콘셉트를 창출하는 방법

공모사업에서 차별적인 콘셉트를 창출하는 것은 사업의 성공을 위해 매우 중요하다. 차별적인 콘셉트는 경쟁력을 높이고, 평가자들에게 강한 인상을 주며, 사업의 실현 가능성을 높이는 데 기여한다. 공모사업에서 차별적인 콘셉트를 창출하는 방법은 다음과 같다.

| 1. 지역 고유의 특성 분석

차별적인 콘셉트를 창출하기 위해서는 먼저 지역의 고유한 특성을 분석해야 한다. 지역의 역사, 문화, 자연환경, 주민들의 삶의 방식 등을 깊이 있게 이해하고, 이를 기반으로 독창적인 아이디어를 도출해야 한다.

• 역사와 문화: 지역의 역사적 유산과 문화적 자산을 분석하여, 이를 기반으로 한 독특한 콘셉트를 창출한다. 예를 들어, 역사적인 사건이나 인물, 전통문화 등을 활용한 콘셉트를 고려할 수 있다.

• 자연환경: 지역의 자연환경을 분석하여 이를 반영한 친환경적이고 지속 가능한 콘셉트를 개발한다. 예를 들어, 지역의 자연경관을 활용한 관광 자원 개발이나 생태 보전을 위한 프로젝트를 고려할 수 있다.

• 주민의 삶의 방식: 지역 주민들의 삶의 방식을 분석하여 이를 존중하고 반영한 콘셉트를 창출한다. 예를 들어, 지역 주민들이 주로 하는

활동이나 특산물 등을 활용한 콘셉트를 고려할 수 있다.

| 2. 창의적인 아이디어 발굴

차별적인 콘셉트를 창출하기 위해서는 창의적인 아이디어를 발굴하는 것이 중요하다. 다양한 방법을 통해 창의적인 아이디어를 도출하고 이를 사업에 반영할 수 있도록 한다.

• 브레인스토밍: 팀원들과 함께 브레인스토밍을 통해 다양한 아이디어를 도출한다. 자유로운 분위기에서 다양한 의견을 공유하고 이를 기반으로 창의적인 콘셉트를 개발한다.

• 디자인 씽킹: 디자인 씽킹 방법론을 활용하여 문제를 해결하고 창의적인 아이디어를 도출한다. 이는 사용자 중심의 접근 방식으로 주민들의 요구와 필요를 반영한 콘셉트를 개발하는 데 유용하다.

• 벤치마킹: 다른 지역의 성공적인 사례를 벤치마킹하여 이를 참고하고 독창적인 아이디어를 도출한다. 이는 검증된 방법을 활용하여 성공 가능성을 높이는 데 도움이 된다.

| 3. 전문가와의 협력

차별적인 콘셉트를 창출하기 위해서는 관련 분야의 전문가와 협력하는 것이 중요하다. 전문가의 지식과 경험을 활용하여 콘셉트의 완성도

• • 국비공모사업 이렇게 준비하라!

를 높일 수 있다.

- **전문가 자문**: 관련 분야의 전문가에게 자문을 구하고 콘셉트 개발에 필요한 지식과 경험을 얻는다. 이는 사업의 전문성을 높이는 데 도움이 된다.

- **워크숍과 세미나**: 전문가와 함께 워크숍이나 세미나를 개최하여 다양한 아이디어를 도출하고 콘셉트를 구체화한다. 이는 참여자들의 창의적인 아이디어를 수집하고 전문가의 조언을 반영하는 데 유용하다.

- **컨설팅 기관 활용**: 전문 컨설팅 기관의 도움을 받아 콘셉트를 개발하고 이를 사업 계획에 반영한다. 이는 사업의 경쟁력을 강화하는 데 기여한다.

| 4. 주민 참여 유도

차별적인 콘셉트를 창출하기 위해서는 주민들의 참여를 유도하는 것이 중요하다. 주민들의 의견과 아이디어를 반영한 콘셉트는 사업의 실효성을 높이고 주민들의 지지를 얻는 데 도움이 된다.

- **주민 설명회**: 주민 설명회를 통해 사업의 목적과 방향성을 설명하고 주민들의 의견을 수렴한다. 이를 통해 주민들의 공감을 얻고 참여를 유도할 수 있다.

• 설문조사: 설문조사를 통해 주민들의 의견을 수집하고 이를 콘셉트 개발에 반영한다. 이는 주민들의 요구와 필요를 정확히 파악하는 데 유용하다.

• 커뮤니티 워크숍: 주민들과 함께 커뮤니티 워크숍을 개최하여 다양한 아이디어를 도출하고 콘셉트를 구체화한다. 이는 주민들의 적극적인 참여를 유도하고 협력적인 분위기를 조성하는 데 도움이 된다.

| 5. 지속 가능성 고려

차별적인 콘셉트를 창출할 때는 지속 가능성을 고려해야 한다. 단기적인 성과보다는 장기적인 지속 가능성을 목표로 콘셉트를 개발한다.

• 환경적 지속 가능성: 친환경적이고 지속 가능한 콘셉트를 개발하여 지역의 자연환경을 보호하고 지속 가능한 발전을 도모한다.

• 경제적 지속 가능성: 지역경제를 활성화하고 장기적으로 지속 가능한 경제 구조를 구축할 수 있는 콘셉트를 설정한다. 이는 지역경제의 안정성과 성장을 도모하는 데 중요하다.

• 사회적 지속 가능성: 주민들의 삶의 질을 향상시키고 사회적 통합과 협력을 강화하는 콘셉트를 개발한다. 이는 지역사회의 지속 가능성을 도모하는 데 기여한다.

공모사업에서 차별적인 콘셉트를 창출하는 것은 사업의 성공을 위해 매우 중요하다. 지역 고유의 특성을 분석하고, 창의적인 아이디어를 발굴하며, 전문가와 협력하고, 주민 참여를 유도하여 독창적이고 차별화된 콘셉트를 개발해야 한다. 또한, 지속 가능성을 고려하여 장기적인 발전을 도모하는 콘셉트를 설정해야 한다.

●●● 지역 고유의 차별성과 지속 가능성을 담은 콘셉트

공모사업에서 성공을 거두기 위해서는 지역 고유의 차별성과 지속 가능성을 담은 콘셉트를 개발하는 것이 필수적이다. 이는 단순히 다른 지역과의 차별화를 넘어서 장기적인 지역 발전과 주민 복지 향상을 도모하는 데 중요한 역할을 한다. 다음에서는 지역 고유의 차별성과 지속 가능성을 담은 콘셉트를 어떻게 개발할 수 있는지 알아본다.

| 1. 지역 고유의 차별성 반영

지역 고유의 차별성을 반영한 콘셉트는 그 지역만의 독특한 특성과 강점을 살리는 데 중점을 둔다. 이는 지역의 정체성을 강화하고 외부의 관심을 끌어들이는 데 효과적이다.

- 역사와 문화: 지역의 역사적 유산과 문화적 자산을 기반으로 한 콘셉트를 개발한다. 예를 들어, 지역의 전통 축제나 역사적인 사건을 테마로 한 사업을 고려할 수 있다.

- 자연환경: 지역의 자연환경을 활용하여 친환경적이고 지속 가능한 콘셉트를 설정한다. 예를 들어, 지역의 자연경관을 활용한 관광 개발이나 생태 보전 프로젝트를 추진할 수 있다.

- 지역 특산물: 지역의 특산물을 활용한 콘셉트를 개발하여 지역경제를 활성화한다. 예를 들어, 지역 농산물을 활용한 식품 가공 사업이나 특산물을 주제로 한 축제를 기획할 수 있다.

| 2. 지속 가능성을 고려한 콘셉트 개발

지속 가능성을 고려한 콘셉트는 환경적, 경제적, 사회적 측면에서의 장기적인 발전을 목표로 한다. 이는 지역의 지속 가능한 발전을 도모하고 주민들의 삶의 질을 향상시키는 데 중요한 역할을 한다.

- 환경적 지속 가능성: 환경 보호와 자원 보전을 고려한 콘셉트를 개발한다. 예를 들어, 친환경 건축물 건설, 재생 가능 에너지 활용, 녹색 공간 조성 등을 포함할 수 있다.

- 경제적 지속 가능성: 지역경제의 지속 가능성을 강화할 수 있는

• • 국비공모사업 이렇게 준비하라!

콘셉트를 개발한다. 예를 들어, 지역 내 일자리 창출, 지역 자원의 가치 상승, 소상공인 지원 등을 목표로 한 사업을 추진할 수 있다.

• 사회적 지속 가능성: 사회적 통합과 협력을 강화할 수 있는 콘셉트를 개발한다. 예를 들어, 지역 커뮤니티 활성화, 교육 프로그램 개발, 주민 복지 증진을 위한 사업을 고려할 수 있다.

| 3. 차별성과 지속 가능성을 결합한 사례

차별성과 지속 가능성을 결합한 성공적인 사례를 분석하고 벤치마킹하는 것은 효과적인 콘셉트 개발에 도움이 된다. 몇 가지 성공적인 사례를 살펴보자.

• 사례 1 – 전통과 현대의 융합: 한 지역에서는 전통시장을 현대화하여 전통과 현대가 융합된 쇼핑 및 문화 공간을 조성하였다. 이는 지역의 역사와 문화를 보존하면서도 현대적인 편의 시설을 제공하여 관광객과 주민 모두에게 인기를 끌고 있다.

• 사례 2 – 생태 관광: 또 다른 지역에서는 자연 보호구역을 중심으로 한 생태 관광 프로그램을 개발하였다. 이는 지역의 자연환경을 보존하면서도 관광객에게 독특한 경험을 제공하여 경제적 수익을 창출하고 있다.

• 사례 3 – 특산물 중심 경제 활성화: 한 지역에서는 특산물인 감귤을 중심으로 다양한 식품 가공 및 판매 사업을 추진하였다. 이는 지역 경제를 활성화하고 지역 주민들에게 안정적인 일자리를 제공하고 있다.

| 4. 주민 참여와 협력 강화

주민들의 참여와 협력은 차별성과 지속 가능성을 담은 콘셉트를 성공적으로 실현하는 데 중요한 요소이다. 주민들의 의견과 요구를 반영하여 콘셉트를 개발하고 지속적인 협력을 유도해야 한다.

• 주민 의견 수렴: 주민들의 의견을 수렴하여 콘셉트에 반영한다. 이를 위해 주민 실명회, 공청회, 설문조사 등을 실시힐 수 있다.

• 참여 프로그램 마련: 주민들이 적극적으로 참여할 수 있는 프로그램을 마련하여 콘셉트의 실현 가능성을 높인다. 예를 들어, 주민 참여형 프로젝트나 자원봉사 프로그램을 운영할 수 있다.

• 지속적인 소통과 피드백: 주민들과 지속적으로 소통하고, 피드백을 반영하여 콘셉트를 보완하고 발전시킨다. 이는 주민들의 신뢰와 지지를 얻는 데 중요하다.

지역 고유의 차별성과 지속 가능성을 담은 콘셉트는 공모사업의 성공을 위해 필수적이다. 지역의 역사, 문화, 자연환경 등 고유한 특성을 반영하고 환경적, 경제적, 사회적 지속 가능성을 고려한 콘셉트를 개발해야 한다. 성공적인 사례를 분석하고 벤치마킹하며 주민들의 참여와 협력을 유도함으로써 콘셉트의 실현 가능성을 높일 수 있다.

●● 주민 참여와 이해관계자와 함께하는 콘셉트

성공적인 공모사업을 추진하기 위해서는 주민과 이해관계자의 적극적인 참여와 협력이 필수적이다. 주민 참여와 이해관계자와 함께하는 콘셉트는 사업의 실효성을 높이고, 지속 가능한 발전을 도모하는 데 중요한 역할을 한다. 이를 위해 주민과 이해관계자를 포함한 다양한 의견을 수렴하고 협력하는 방법을 살펴본다.

| 1. 주민 참여의 중요성

주민 참여는 공모사업의 성공에 결정적인 역할을 한다. 주민들의 적극적인 참여는 사업의 실현 가능성을 높이고 지속 가능한 발전을 도모하는 데 기여한다.

• 주민 의견 반영: 주민들의 의견을 반영하여 사업 계획을 수립하면 지역 주민들의 실제 필요와 요구를 충족시킬 수 있다. 이는 주민들의 지지를 얻는 데 중요하다.

• 주민의 소유감 증대: 주민들이 사업에 참여함으로써 사업에 대한 소유감과 책임감을 느끼게 된다. 이는 사업의 성공 가능성을 높이고 지속적인 협력을 이끌어내는 데 도움이 된다.

• 사회적 통합 강화: 주민 참여는 사회적 통합을 강화하고 지역사회의 협력과 결속을 촉진한다. 이는 사업의 지속 가능성을 높이는 중요한 요소이다.

| 2. 이해관계자와의 협력 강화

이해관계자와의 협력은 공모사업의 성공을 위해 필수적이다. 다양한 이해관계자의 협력을 통해 사업의 완성도를 높이고 실현 가능성을 극대화할 수 있다.

• 다양한 의견 수렴: 이해관계자의 다양한 의견을 수렴하여 사업 계획에 반영한다. 이는 사업의 질을 높이고, 잠재적인 문제를 예방하는 데 도움이 된다.

• 파트너십 구축: 이해관계자와의 파트너십을 구축하여 협력 체계를 강화한다. 이는 자원의 효율적 활용과 상호 이익을 도모하는 데 중요하다.

• 지속적인 소통: 이해관계자와의 지속적인 소통을 통해 신뢰를 구

축하고, 협력을 강화한다. 정기적인 회의와 보고를 통해 진행 상황을 공유하고 필요한 조치를 신속히 취할 수 있다.

| 3. 주민 참여와 이해관계자 협력을 위한 전략

주민 참여와 이해관계자의 협력을 이끌어내기 위해 다음과 같은 전략을 고려할 수 있다.

• 주민 설명회 및 공청회 개최: 주민 설명회와 공청회를 개최하여 사업의 목적과 계획을 설명하고 주민들의 의견을 수렴한다. 이를 통해 주민들의 참여를 유도하고 사업에 대한 이해를 높인다.

• 설문조사 및 인터뷰 실시: 설문조사와 인터뷰를 통해 주민들과 이해관계자의 의견을 수집하고 이를 사업 계획에 반영한다. 이는 다양한 의견을 효과적으로 수렴하는 데 도움이 된다.

• 커뮤니티 워크숍: 커뮤니티 워크숍을 개최하여 주민들과 이해관계자들이 함께 참여하는 프로그램을 운영한다. 이는 협력적인 분위기를 조성하고 창의적인 아이디어를 도출하는 데 유용하다.

• 온라인 플랫폼 활용: 온라인 플랫폼을 활용하여 주민들과 이해관계자들이 언제든지 의견을 제시하고, 사업 진행 상황을 확인할 수 있도록 한다. 이는 접근성을 높이고 지속적인 소통을 가능하게 한다.

| 4. 성공적인 주민 참여와 이해관계자 협력 사례

성공적인 주민 참여와 이해관계자 협력 사례를 분석하고 벤치마킹하는 것은 효과적인 콘셉트 개발에 도움이 된다.

• 사례 1 – 주민 주도형 마을 재생 프로젝트: 한 지역에서는 주민들이 주도적으로 참여하는 마을 재생 프로젝트를 통해 성공을 거두었다. 주민들은 프로젝트 기획, 실행, 평가에 이르기까지 모든 과정에 적극적으로 참여하여 지역의 특성을 반영한 성공적인 재생을 이루어냈다.

• 사례 2 – 이해관계자 협력 기반의 생태 관광 개발: 또 다른 지역에서는 이해관계자들의 협력을 통해 생태 관광 개발에 성공하였다. 지방정부, 지역 기업, 주민 단체 등이 협력하여 생태 관광 프로그램을 개발하고 이를 통해 지역경제를 활성화하였다.

• 사례 3 – 주민 참여형 농업 혁신 프로그램: 한 농촌 지역에서는 주민 참여를 중심으로 한 농업 혁신 프로그램을 추진하였다. 주민들은 새로운 농업 기술과 방법을 도입하고 협력하여 지역 농업의 생산성과 수익성을 크게 향상시켰다.

| 5. 지속 가능한 참여와 협력 유도

지속 가능한 주민 참여와 이해관계자 협력을 위해서는 지속적인 노력이 필요하다. 다음과 같은 방법을 고려할 수 있다.

• 피드백 시스템 구축: 주민들과 이해관계자들이 지속적으로 의견을 제시하고 피드백을 받을 수 있는 시스템을 구축한다. 이를 통해 지속적인 개선과 발전을 도모할 수 있다.

• 교육과 훈련 프로그램 제공: 주민들과 이해관계자들에게 필요한 교육과 훈련 프로그램을 제공하여 이들의 역량을 강화하고 참여를 유도한다.

• 성과 공유와 보상 체계 마련: 사업의 성과를 주민들과 이해관계자들과 공유하고 이에 대한 보상을 제공하는 체계를 마련한다. 이는 지속적인 참여와 협력을 유도하는 데 중요하다.

주민 참여와 이해관계자와 함께하는 콘셉트는 공모사업의 성공을 위해 필수적이다. 주민과 이해관계자의 의견을 수렴하고 협력함으로써 사업의 실효성을 높이고 지속 가능한 발전을 도모할 수 있다. 주민 설명회와 공청회, 설문조사와 인터뷰, 커뮤니티 워크숍, 온라인 플랫폼 활용 등을 통해 다양한 의견을 수렴하고 협력적인 분위기를 조성해야 한다. 성공적인 사례를 벤치마킹하고 지속 가능한 참여와 협력을 유도함으로써 공모사업을 성공적으로 추진할 수 있을 것이다.

09 차별적인 공모사업계획서 작성

● ● ● 공모사업에서 사업계획서의 중요성

공모사업에서 사업계획서는 사업의 성패를 좌우하는 핵심 문서이다. 사업계획서는 사업의 목적, 목표, 실행 방안, 기대 효과 등을 명확히 제시하여 심사위원들에게 사업의 타당성과 필요성을 설득하는 역할을 한다. 사업계획서의 중요성을 이해하고 이를 통해 효과적으로 사업을 추진하는 방법을 살펴보자!

| 1. 사업계획서의 역할과 기능

사업계획서는 공모사업의 전반적인 내용을 체계적으로 정리한 문서로 다음과 같은 역할과 기능을 한다.

• 사업의 방향성과 목표 제시: 사업계획서는 사업의 방향성과 목표를 명확히 제시한다. 이를 통해 사업의 목적과 기대 효과를 구체적으

188

로 설명하고 심사위원들이 사업의 타당성을 판단할 수 있도록 한다.

• 실행 방안과 전략 제시: 사업계획서는 사업을 어떻게 실행할 것인지에 대한 구체적인 방안과 전략을 제시한다. 이를 통해 사업의 실현 가능성을 높이고 심사위원들에게 신뢰를 줄 수 있다.

• 자원 확보와 배분 계획: 사업계획서는 사업에 필요한 자원(인적, 물적, 재정적 자원)을 어떻게 확보하고 배분할 것인지에 대한 계획을 포함한다. 이는 사업의 실행 가능성을 높이는 중요한 요소이다.

• 성과 평가와 피드백 시스템: 사업계획서는 사업의 성과를 어떻게 평가하고 피드백을 반영하여 개선할 것인지에 대한 방안을 제시한다. 이를 통해 사업의 지속 가능성을 높이고 성과를 극대화할 수 있다.

| 2. 사업계획서의 중요성

사업계획서는 공모사업의 성공을 위해 매우 중요한 역할을 한다. 그 중요성을 다음과 같은 측면에서 살펴볼 수 있다.

• 심사위원 설득 도구: 사업계획서는 심사위원들에게 사업의 필요성과 타당성을 설득하는 도구이다. 명확하고 체계적인 사업계획서는 심사위원들이 사업을 긍정적으로 평가하는 데 중요한 영향을 미친다.

• 사업 추진의 로드맵: 사업계획서는 사업 추진의 로드맵 역할을 한다. 이를 통해 사업의 전반적인 흐름과 단계를 파악하고 효율적으로 사업을 추진할 수 있다.

• 자원확보와 협력 유도: 명확한 사업계획서는 자원을 확보하고 이해관계자들의 협력을 유도하는 데 도움이 된다. 이는 사업의 실행 가능성을 높이고 성공 가능성을 극대화한다.

• 위험 관리와 문제 해결: 사업계획서는 사업 추진 과정에서 발생할 수 있는 위험 요소를 식별하고 이를 관리하는 방안을 제시한다. 이는 사업의 안정성과 지속 가능성을 높이는 데 중요하다.

| 3. 성공적인 사업계획서 작성 요소

성공적인 사업계획서를 작성하기 위해서는 다음과 같은 요소들을 고려해야 한다.

• 명확한 목표와 비전: 사업계획서는 사업의 목표와 비전을 명확히 제시해야 한다. 이를 통해 심사위원들이 사업의 목적과 기대 효과를 쉽게 이해할 수 있도록 한다.

• 구체적인 실행 방안: 사업계획서는 사업을 어떻게 실행할 것인지에 대한 구체적인 방안을 제시해야 한다. 이를 통해 사업의 실현 가능성

을 높이고 심사위원들에게 신뢰를 줄 수 있다.

• 체계적인 자원 확보 계획: 사업계획서는 필요한 자원을 어떻게 확보하고 이를 어떻게 배분할 것인지에 대한 체계적인 계획을 포함해야한다. 이는 사업의 실행 가능성을 높이는 중요한 요소이다.

• 성과 평가와 피드백 시스템: 사업계획서는 성과를 어떻게 평가하고 피드백을 반영하여 개선할 것인지에 대한 방안을 제시해야 한다. 이를 통해 사업의 지속 가능성을 높이고, 성과를 극대화할 수 있다.

• 논리적이고 설득력 있는 내용: 사업계획서는 논리적이고 설득력 있는 내용으로 작성되어야 한다. 이를 통해 심사위원들이 사업의 필요성과 타당성을 쉽게 이해하고 긍정적으로 평가할 수 있도록 한다.

공모사업에서 사업계획서는 사업의 성패를 좌우하는 핵심 문서이다. 사업의 방향성과 목표를 명확히 제시하고, 구체적인 실행 방안과 자원 확보 계획, 성과 평가와 피드백 시스템을 포함한 체계적인 사업계획서는 심사위원들에게 사업의 필요성과 타당성을 설득하는 중요한 역할을한다.

◉●● 경쟁우위를 확보하기 위한 사업계획서 작성 팁

공모사업에서 경쟁우위를 확보하기 위해서는 사업계획서를 전략적으로 작성해야 한다. 이는 다른 경쟁자들보다 더 돋보이고, 심사위원들에게 강한 인상을 남길 수 있도록 하는 것이 중요하다. 경쟁우위를 확보하기 위한 사업계획서 작성 팁을 다음과 같이 제시한다.

| 1. 철저한 사전 조사와 분석

사업계획서를 작성하기 전에 철저한 사전 조사와 분석을 통해 경쟁력을 강화할 수 있다.

• 시장 조사: 해당 사업 분야의 시장 동향과 경쟁 상황을 철저히 조사한다. 이를 통해 사업의 필요성과 타당성을 뒷받침할 수 있는 자료를 확보한다.

• 유사 사업 사례 분석: 유사한 공모사업의 성공 사례와 실패 사례를 분석하여 이를 바탕으로 교훈을 얻고 사업계획서에 반영한다.

• 지역 분석: 사업이 진행될 지역의 특성과 자원을 분석하여 지역의 고유한 강점을 사업계획서에 반영한다. 이는 차별화된 사업계획서를 작성하는 데 도움이 된다.

| 2. 명확하고 구체적인 목표 설정

명확하고 구체적인 목표 설정은 심사위원들에게 사업의 방향성과 기대 효과를 명확히 전달하는 데 중요하다.

• 구체적인 목표 설정: 사업의 목표를 구체적으로 설정하여 심사위원들이 사업의 목적과 기대 효과를 쉽게 이해할 수 있도록 한다. 예를 들어, "지역경제 활성화" 대신 "지역 내 100개의 일자리 창출"과 같이 구체적인 수치를 포함한 목표를 설정한다.

• 단기 및 장기 목표 구분: 단기적으로 달성 가능한 목표와 장기적으로 추진할 목표를 구분하여 설정한다. 이는 단계별로 목표를 달성하고 지속적인 발전을 도모하는 데 도움이 된다.

| 3. 독창적이고 혁신적인 아이디어 제시

경쟁우위를 확보하기 위해서는 독창적이고 혁신적인 아이디어를 제시해야 한다.

• 차별화된 아이디어 개발: 다른 경쟁자들과 차별화되는 독창적인 아이디어를 개발하여 사업계획서에 반영한다. 이는 심사위원들에게 신선한 인상을 줄 수 있다.

• 혁신적인 접근 방식: 기존의 문제 해결 방식을 넘어서는 혁신적인 접근 방식을 제시한다. 예를 들어, 최신 기술을 활용한 새로운 해결책을 제시할 수 있다.

| 4. 구체적인 실행 계획과 전략 제시

구체적인 실행 계획과 전략을 제시하여 사업의 실현 가능성을 높인다.

• 단계별 실행 계획 수립: 사업의 각 단계를 구체적으로 설명하고 단계별 실행 계획을 수립한다. 이는 사업이 체계적으로 추진될 수 있음을 보여준다.

• 위험 관리 전략 포함: 사업 추진 과정에서 발생할 수 있는 위험 요소를 식별하고 이를 관리하기 위한 전략을 제시한다. 이는 사업의 안정성과 지속 가능성을 높이는 데 도움이 된다.

| 5. 실현 가능한 자원 확보 계획

사업에 필요한 자원을 어떻게 확보하고 활용할 것인지에 대한 구체적인 계획을 제시한다.

• 자원 확보 방안 제시: 사업 추진에 필요한 인적, 물적, 재정적 자원을

어떻게 확보할 것인지에 대한 방안을 구체적으로 제시한다. 예를 들어, 필요한 예산을 어떻게 마련할 것인지에 대한 구체적인 계획을 포함한다.

• 자원 배분 계획 수립: 확보한 자원을 어떻게 배분할 것인지에 대한 계획을 수립하여 자원의 효율적 활용을 도모한다.

| 6. 명확한 성과 지표와 평가 방법

사업의 성과를 평가할 수 있는 명확한 지표와 평가 방법을 제시한다.

• 성과 지표 설정: 사업의 성과를 측정할 수 있는 구체적인 성과 지표를 설정한다. 예를 들어, "매출 증가" 대신 "1년 내 매출 20% 증가"와 같이 구체적인 수치를 포함한 지표를 설정한다.

• 평가 방법 제시: 성과를 평가할 수 있는 구체적인 방법을 제시하여, 심사위원들이 사업의 효과를 객관적으로 판단할 수 있도록 한다. 예를 들어, 정기적인 평가 보고서 작성과 피드백 시스템을 포함할 수 있다.

| 7. 시각적 자료 활용

시각적 자료를 활용하여 사업계획서를 더 명확하고 설득력 있게 만든다.

• 인포그래픽과 도표 활용: 인포그래픽, 도표, 그래프 등을 활용하여 복잡한 정보를 시각적으로 표현한다. 이는 심사위원들이 사업계획서를 더 쉽게 이해할 수 있도록 돕는다.

• 이미지와 사례 사진 포함: 사업과 관련된 이미지나 사례 사진을 포함하여 사업의 구체적인 모습을 전달한다. 이는 심사위원들에게 강한 인상을 줄 수 있다.

| 8. 타당성 있는 재무 계획 제시

재무 계획은 사업의 실현 가능성을 평가하는 중요한 요소이다. 타당성 있는 재무 계획을 제시하여 심사위원들에게 신뢰를 줄 수 있다.

• 예산 편성 계획: 사업 추진에 필요한 예산을 어떻게 편성할 것인지에 대한 구체적인 계획을 제시한다. 이는 사업의 재무적 타당성을 평가하는 데 중요하다.

• 수익성 분석: 사업의 수익성을 분석하여 사업이 경제적으로 지속 가능함을 증명한다. 예를 들어, 예상 수익과 비용을 구체적으로 제시하여 수익성을 입증한다.

경쟁우위를 확보하기 위한 사업계획서 작성은 철저한 사전 조사와 분석, 명확하고 구체적인 목표 설정, 독창적이고 혁신적인 아이디어 제시, 구체적인 실행 계획과 전략 제시, 실현 가능한 자원 확보 계획, 명확한 성과 지표와 평가 방법, 시각적 자료 활용, 타당성 있는 재무 계획 제시 등을 포함해야 한다.

●●● 심사위원의 공감과 설득을 이끄는 사업계획서

공모사업에서 성공하려면 심사위원의 공감과 설득을 이끄는 사업계획서를 작성하는 것이 필수적이다. 이는 단순히 정보를 나열하는 것을 넘어 심사위원들이 사업의 필요성과 중요성을 이해하고, 그 비전과 목표에 공감하도록 하는 데 중점을 두어야 한다. 심사위원의 공감과 설득을 이끄는 사업계획서 작성 방법을 다음과 같이 제시한다.

| 1. 스토리텔링 기법 활용

스토리텔링은 사업의 비전과 목표를 효과적으로 전달하는 데 강력한 도구가 된다.

• 문제 인식과 해결책 제시: 사업계획서의 시작 부분에서 지역사회가 직면한 문제를 명확히 제시하고, 이를 해결하기 위한 사업의 필요성을 강조한다. 그런 다음 사업이 어떻게 그 문제를 해결할 수 있는지 구체적인 해결책을 제시한다.

• 성공 사례 소개: 유사한 문제를 해결한 다른 지역의 성공 사례를 소개하여 사업의 타당성과 실현 가능성을 증명한다. 이는 심사위원들에게 사업의 성공 가능성을 높이는 데 도움이 된다.

• 주민의 목소리 반영: 주민들의 의견과 경험을 반영한 이야기를 포함하여 사업이 주민들의 실제 필요와 요구를 반영하고 있음을 강조한다. 이는 심사위원들이 사업의 중요성과 필요성에 공감하도록 돕는다.

| 2. 명확하고 구체적인 비전과 목표 제시

명확하고 구체적인 비전과 목표는 심사위원들에게 사업의 방향성과 기대 효과를 명확히 전달하는 데 중요하다.

• 구체적인 수치 포함: 사업의 목표를 구체적인 수치로 표현하여 심사위원들이 사업의 성과를 명확히 이해할 수 있도록 한다. 예를 들어, "지역 내 100개의 일자리 창출"과 같은 구체적인 목표를 설정한다.

• 단기 및 장기 목표 구분: 단기 목표와 장기 목표를 구분하여 제시함으로써 사업의 단계별 추진 계획을 명확히 하고, 지속적인 발전을 도모한다.

• 비전의 중요성 강조: 사업이 지역사회에 가져올 긍정적인 변화를 강조하고 그 비전을 심사위원들과 공유한다. 이는 심사위원들이 사업

• • 국비공모사업 이렇게 준비하라!

의 중요성에 공감하도록 돕는다.

| 3. 데이터를 활용한 설득

구체적인 데이터와 통계는 사업의 타당성과 실현 가능성을 증명하는
데 중요한 역할을 한다.

• 현황 분석 데이터: 지역사회가 직면한 문제와 그 심각성을 증명할
수 있는 데이터를 제공한다. 예를 들어, 실업률, 경제 지표, 주민 만족
도 조사 결과 등을 활용할 수 있다.

• 예상 성과 데이터: 사업이 성공적으로 추진될 경우 예상되는 성과
를 구체적인 데이터로 제시한다. 이는 사업의 효과를 객관적으로 평가
할 수 있도록 돕는다.

• 비교 데이터: 유사한 사업의 성과와 비교하여 사업의 타당성을 증
명하고, 심사위원들이 사업의 가능성을 확신하도록 돕는다.

| 4. 시각적 자료 활용

시각적 자료는 복잡한 정보를 쉽게 이해할 수 있도록 돕고 사업계획
서를 더 명확하고 설득력 있게 만든다.

• 인포그래픽과 도표: 복잡한 데이터를 시각적으로 표현하여 심사위원들이 쉽게 이해할 수 있도록 한다. 예를 들어, 그래프, 차트, 인포그래픽 등을 활용하여 주요 정보를 전달한다.

• 사진과 이미지: 사업의 구체적인 모습을 전달할 수 있는 사진이나 이미지를 포함한다. 이는 심사위원들에게 사업의 구체적인 비전을 전달하는 데 도움이 된다.

• 프레젠테이션 슬라이드: 사업계획서의 주요 내용을 요약한 프레젠테이션 슬라이드를 포함하여 심사위원들이 빠르게 핵심 내용을 파악할 수 있도록 한다.

| 5. 주민 참여와 이해관계자의 지지 강조

주민 참여와 이해관계자의 지지는 사업의 타당성과 실현 가능성을 높이는 중요한 요소이다.

• 주민 의견 수렴 과정: 사업 계획 수립 과정에서 주민들의 의견을 어떻게 수렴하고 반영했는지 구체적으로 설명한다. 이는 사업이 실제로 주민들의 요구를 반영하고 있음을 증명한다.

• 이해관계자의 지지 서한: 주요 이해관계자들의 지지 서한이나 협조 약속을 포함하여 사업이 광범위한 지지를 받고 있음을 강조한다. 이는 심사위원들에게 사업의 실행 가능성을 높이는 데 도움이 된다.

• 협력 계획 제시: 주민들과 이해관계자들이 사업에 어떻게 참여하고 협력할 것인지에 대한 구체적인 계획을 제시한다. 이는 사업의 실효성을 높이는 중요한 요소이다.

| 6. 체계적인 실행 계획과 평가 방법

체계적인 실행 계획과 평가 방법은 사업의 실현 가능성을 높이고 심사위원들에게 신뢰를 줄 수 있다.

• 단계별 실행 계획: 사업의 각 단계를 구체적으로 설명하고 단계별로 어떤 활동이 이루어질지 상세히 제시한다. 이는 사업이 체계적으로 추진될 수 있음을 보여준다.

• 위험 관리 전략: 사업 추진 과정에서 발생할 수 있는 위험 요소를 식별하고 이를 관리하기 위한 구체적인 전략을 제시한다. 이는 사업의 안정성과 지속 가능성을 높이는 데 도움이 된다.

• 성과 평가 방법: 성과를 평가할 수 있는 구체적인 방법을 제시하여 사업의 효과를 객관적으로 평가할 수 있도록 한다. 예를 들어, 정기적인 평가 보고서 작성과 피드백 시스템을 포함할 수 있다.

심사위원의 공감과 설득을 이끄는 사업계획서를 작성하기 위해서는 스토리텔링 기법 활용, 명확하고 구체적인 비전과 목표 제시, 데이터를 활용한 설득, 시각적 자료 활용, 주민 참여와 이해관계자의 지지 강조, 체계적인 실행 계획과 평가 방법 등을 고려해야 한다.

●●● 공모사업계획서의 일반적인 구조와 내용

공모사업계획서는 사업의 개요부터 구체적인 실행 계획까지를 체계적으로 담아내어 심사위원들에게 사업의 타당성과 실현 가능성을 설득하는 중요한 문서이다. 효과적인 사업계획서는 명확하고 논리적인 구조를 가지며 각 부분이 서로 유기적으로 연결되어야 한다. 다음은 공모사입계획서의 일반직인 구조와 그 내용을 구성하는 요소들에 대한 설명이다.

| 1. 표지와 목차

• 표지: 사업의 제목, 제출 기관, 작성자, 제출일 등을 명시하여 첫인상을 긍정적으로 만든다. 표지는 깔끔하고 전문적인 디자인으로 구성한다.

• 목차: 사업계획서의 전체 구성을 한눈에 파악할 수 있도록 목차를 작성한다. 각 장과 소제목을 포함하여 페이지 번호를 기재한다.

| 2. 사업 개요

- 사업명: 공모사업의 공식 명칭을 명확히 기재한다.

- 사업의 배경 및 필요성: 사업을 추진하게 된 배경과 필요성을 설명한다. 지역사회가 직면한 문제점과 이를 해결하기 위한 필요성을 구체적으로 제시한다.

- 사업의 목적: 사업을 통해 이루고자 하는 주요 목표를 명확히 기술한다.

- 사업의 기대 효과: 사업이 성공적으로 추진되었을 때 기대할 수 있는 주요 효과를 설명한다. 이는 경제적, 사회적, 환경적 측면에서 다루어질 수 있다.

| 3. 환경 분석

- 내부 환경 분석: 사업을 추진하는 기관의 강점, 약점, 자원 등을 분석하여 사업의 타당성을 뒷받침한다.

- 외부 환경 분석: 사업에 영향을 미치는 외부 요인(경제적, 사회적, 기술적, 법적 환경)을 분석한다. PEST 분석, SWOT 분석 등을 활용할 수 있다.

• 관련 시장 및 경쟁 분석: 사업이 진행될 시장의 현황과 경쟁 상황을 분석하여 사업의 필요성을 더욱 강조한다.

4. 사업 목표와 비전

• 명확한 목표 설정: 사업의 단기 및 장기 목표를 구체적으로 설정하고, 이를 실현하기 위한 방향성을 제시한다.

• 비전과 사명: 사업이 추구하는 궁극적인 비전과 사명을 설명하여, 심사위원들에게 사업의 중요성을 전달한다.

5. 사업 전략 및 실행 계획

• 전략적 목표와 과제: 설정된 목표를 달성하기 위한 전략적 목표와 과제를 구체적으로 제시한다.

• 단계별 실행 계획: 사업 추진 단계를 세분화하여 단계별로 구체적인 실행 계획을 설명한다. 이를 통해 체계적인 사업 추진을 보여준다.

• 위험 관리 계획: 사업 추진 과정에서 발생할 수 있는 위험 요소를 식별하고 이를 관리하기 위한 구체적인 전략을 제시한다.

6. 자원 및 예산 계획

- 자원 확보 계획: 사업 추진에 필요한 인적, 물적, 재정적 자원을 어떻게 확보할 것인지에 대한 구체적인 계획을 제시한다.

- 예산 편성 계획: 사업에 필요한 예산을 항목별로 상세히 편성하여 제시한다. 이를 통해 사업의 재정적 타당성을 강조한다.

- 재원 조달 계획: 필요한 재원을 어떻게 조달할 것인지에 대한 계획을 설명한다. 국비, 지방비, 민간 투자 등 다양한 재원 조달 방안을 제시한다.

| 7. 조직 및 거버넌스 구조

- 조직 구조: 사업 추진을 위해 조직될 팀의 구조를 설명하고, 각 부서 및 팀의 역할과 책임을 명확히 한다.

- 거버넌스 구조: 사업의 투명성과 효율성을 높이기 위한 거버넌스 구조를 설명한다. 예를 들어, 사업 추진위원회, 자문위원회 등의 구성과 역할을 제시한다.

| 8. 성과 평가와 피드백

- 성과 지표 설정: 사업의 성과를 평가할 수 있는 구체적인 지표를 설정한다. 이는 정량적 지표와 정성적 지표를 모두 포함할 수 있다.

• 평가 방법: 성과를 평가하기 위한 구체적인 방법을 제시한다. 예를 들어, 주기적인 성과 보고서 작성, 외부 평가 등을 포함할 수 있다.

• 피드백 및 개선 계획: 평가 결과를 바탕으로 사업을 어떻게 개선할 것인지에 대한 계획을 설명한다. 이를 통해 지속적인 발전을 도모한다.

| 9. 예상 파급효과

• 경제적 파급효과: 사업이 지역경제에 미칠 긍정적인 영향을 설명한다. 예를 들어, 일자리 창출, 지역경제 활성화 등을 포함한다.

• 사회직 파급효과: 사업이 지역사회에 미칠 긍정적인 영향을 설명한다. 예를 들어, 주민 복지 향상, 사회적 통합 강화 등을 포함한다.

• 환경적 파급효과: 사업이 환경에 미칠 긍정적인 영향을 설명한다. 예를 들어, 친환경 기술 도입, 환경 보호 활동 등을 포함한다.

공모사업계획서는 사업의 전반적인 내용을 체계적으로 정리한 문서로 사업의 타당성과 실현 가능성을 심사위원들에게 설득하는 중요한 역할을 한다. 표지와 목차, 사업 개요, 환경 분석, 사업 목표와 비전, 사업 전략 및 실행 계획, 자원 및 예산 계획, 조직 및 거버넌스 구조, 성과 평가와 피드백, 예상 파급효과 등의 요소를 포함하여 명확하고 논리적으로 작성해야 한다.

⦙●● 공모사업의 필요성과 체계적인 환경 분석

공모사업의 필요성과 체계적인 환경 분석은 사업계획서에서 매우 중요한 부분이다. 이는 사업이 왜 필요한지, 어떤 환경적 요인들이 사업에 영향을 미치는지 설명하는 부분으로, 사업의 타당성과 실현 가능성을 심사위원들에게 설득하는 데 핵심적인 역할을 한다.

┃ 1. 공모사업의 필요성

공모사업의 필요성을 명확히 설명하기 위해서는 사업이 해결하고자 하는 문제와 그 중요성을 강조해야 한다.

• 문제 인식: 사업이 해결하고자 하는 문제를 명확히 제시한다. 예를 들어, 지역 내 일자리 부족, 환경 오염, 사회적 불평등 등의 문제를 구체적으로 설명한다.

• 문제의 중요성: 제시한 문제가 지역사회와 주민들에게 어떤 영향을 미치는지 설명한다. 문제의 심각성과 긴급성을 강조하여 사업의 필요성을 부각한다.

• 기존 해결 노력의 한계: 기존에 문제 해결을 위해 어떤 노력이 있었는지 설명하고 그 한계를 지적한다. 이는 새로운 사업의 필요성을 더욱 강조하는 데 도움이 된다.

• 사업의 필요성: 앞서 제시한 문제를 해결하기 위해 제안하는 사업이 왜 필요한지 구체적으로 설명한다. 이를 통해 사업의 타당성과 중요성을 설득력 있게 제시한다.

| 2. 체계적인 환경 분석

환경 분석은 사업이 추진될 환경적 요인들을 체계적으로 분석하는 과정이다. 이를 통해 사업의 외부적 영향을 평가하고 사업 추진에 유리한 조건을 마련할 수 있다.

• PEST 분석: PEST 분석은 정치적(Political), 경제적(Economic), 사회적(Social), 기술직(Technological) 요인을 분석하여 사업에 엉향을 미치는 외부 환경을 평가하는 도구이다.

– 정치적 요인: 정부의 정책, 법규, 규제 등이 사업에 미치는 영향을 분석한다. 예를 들어, 환경 규제 강화, 지원금 정책 등을 고려한다.

– 경제적 요인: 경제 상황, 시장 동향, 재정 상태 등이 사업에 미치는 영향을 평가한다. 예를 들어, 경기 침체, 금리 변동 등을 분석한다.

– 사회적 요인: 인구 통계, 문화, 사회적 트렌드 등이 사업에 미치는 영향을 평가한다. 예를 들어, 인구 고령화, 소비자 행동 변화 등을 분석한다.

- 기술적 요인: 기술 발전, 혁신, 기술 인프라 등이 사업에 미치는 영향을 평가한다. 예를 들어, 신기술 도입, 기술 격차 등을 분석한다.

- SWOT 분석: SWOT 분석은 사업의 강점(Strengths), 약점(Weaknesses), 기회(Opportunities), 위협(Threats)을 분석하는 도구로, 사업의 내부 및 외부 환경을 평가하는 데 유용하다.

- 강점: 사업의 성공을 뒷받침할 수 있는 강점을 파악한다. 예를 들어, 지역의 자원, 기술력, 인프라 등을 포함한다.

- 약점: 사업 추진에 장애가 될 수 있는 약점을 식별한다. 예를 들어, 재정적 한계, 인력 부족 등을 고려한다.

- 기회: 사업에 긍정적인 영향을 미칠 수 있는 외부 요인을 분석한다. 예를 들어, 정부의 지원 정책, 시장 수요 증가 등을 포함한다.

- 위협: 사업에 부정적인 영향을 미칠 수 있는 외부 요인을 평가한다. 예를 들어, 경제 불황, 경쟁 심화 등을 고려한다.

| 3. 데이터와 통계 활용

체계적인 환경 분석을 뒷받침하기 위해 신뢰할 수 있는 데이터와 통계를 활용한다.

- 현황 데이터: 지역사회가 직면한 문제의 현황을 구체적인 데이터로 제시한다. 예를 들어, 실업률, 환경 오염 수치, 사회적 불평등 지표 등을 포함한다.

- 비교 데이터: 유사한 문제를 해결한 다른 지역의 사례를 비교하여, 사업의 타당성과 실현 가능성을 증명한다.

- 예상 성과 데이터: 사업이 성공적으로 추진될 경우 예상되는 성과를 구체적인 데이터로 제시한다. 이는 사업의 효과를 객관적으로 평가하는 데 도움을 준다.

| 4. 이해관계자 분석

이해관계자 분석은 사업이 영향을 미치는 주요 이해관계자들을 식별하고, 이들의 요구와 기대를 평가하는 과정이다.

- 주요 이해관계자 식별: 사업에 영향을 미치는 주요 이해관계자들을 식별한다. 예를 들어, 지역 주민, 정부 기관, 기업, 비영리 단체 등을 포함한다.

- 이해관계자의 요구와 기대 평가: 각 이해관계자의 요구와 기대를 평가하여 이를 사업 계획에 반영한다. 이는 사업의 실효성을 높이고, 이해관계자들의 지지를 얻는 데 중요하다.

• 이해관계자와의 협력 계획: 주요 이해관계자들과의 협력 방안을 제시하여 사업의 실행 가능성을 높인다. 예를 들어, 정기적인 소통 채널 구축, 협력 계약 체결 등을 포함한다.

| 5. 사업의 지속 가능성 평가

사업의 지속 가능성을 평가하여 장기적인 발전 가능성을 제시한다.

• 환경적 지속 가능성: 사업이 환경에 미치는 영향을 평가하고 지속 가능한 발전을 위한 방안을 제시한다. 예를 들어, 친환경 기술 도입, 자원 절약 방안 등을 포함한다.

• 경제적 지속 가능성: 사업의 경제적 지속 가능성을 평가하여 장기적인 재정적 안정성을 확보하는 방안을 제시한다. 예를 들어, 수익 모델, 재정 계획 등을 포함한다.

• 사회적 지속 가능성: 사업이 지역사회에 미치는 영향을 평가하고 사회적 통합과 협력을 강화하는 방안을 제시한다. 예를 들어, 주민 참여 프로그램, 사회적 기업 연계 등을 포함한다.

공모사업의 필요성과 체계적인 환경 분석은 사업계획서에서 매우 중요한 부분이다. 문제의 인식과 중요성, 기존 해결 노력의 한계, 사업의 필요성을 명확히 제시하고, PEST 분석, SWOT 분석, 데이터와 통계 활용, 이해관계자 분석, 지속 가능성 평가 등을 통해 체계적인 환경 분석을 수행한다.

◉●● 명확한 사업 목표와 비전, 세부 실행프로그램

공모사업의 성공을 위해서는 명확한 사업 목표와 비전을 설정하고, 이를 달성하기 위한 구체적이고 체계적인 실행프로그램을 마련하는 것이 중요하다.

| 1. 명확한 사업 목표 설정

명확한 사업 목표는 사업의 방향성을 제시하고, 목표 달성을 위한 구체적인 지침을 제공한다.

• 구체적인 목표 설정: 목표는 구체적이고 측정 가능하게 설정한다. 예를 들어, "3년내 고객 30% 증가, 매출 40% 증대"와 같이 구체적인 수치와 성과를 포함한 목표를 설정한다.

• 단기 및 장기 목표 구분: 단기적으로 달성 가능한 목표와 장기적으로 추진할 목표를 구분하여 설정한다. 이는 단계별로 목표를 달성하고, 지속적인 발전을 도모하는 데 도움이 된다.

• SMART 원칙 적용: 목표는 구체적인(Specific), 측정 가능한 (Measurable), 달성 가능한(Achievable), 관련성 있는(Relevant), 시한 이 있는(Time-bound) 원칙에 따라 설정한다.

| 2. 비전과 사명

비전과 사명은 사업이 지향하는 궁극적인 목표와 방향성을 제시하여 심사위원들과 이해관계자들에게 사업의 중요성을 전달한다.

• 비전: 비전은 사업이 지향하는 궁극적인 목표와 이상적인 상태를 설명한다. 이는 장기적인 관점에서 사업의 방향성을 제시하고 사업이 지역사회에 미칠 긍정적인 영향을 강조한다.

☞ 〈예시〉: "지속 가능한 지역경제 발전을 통해 주민의 삶의 질을 향상시키는 것"

• 사명: 사명은 사업이 추구하는 목적과 역할을 구체적으로 설명한다. 이는 비전을 실현하기 위해 사업이 해야 할 일들을 명확히 제시한다.

☞ 〈예시〉: "지역 내 중소기업 지원 및 창업 활성화를 통해 경제적 자립을 도모하고, 환경 친화적인 기술 도입을 촉진하여 지속 가능한 발전을 이루는 것"

| 3. 세부 실행프로그램

세부 실행프로그램은 사업목표와 비전을 실현하기 위한 구체적인 활동과 단계를 포함한다. 이는 명확한 실행 계획을 통해 사업의 실현 가능성을 높이는 데 중요하다.

• 전략적 목표와 과제: 사업목표를 달성하기 위한 전략적 목표와 과제를 설정한다. 이는 사업의 방향성을 명확히 하고, 과제별로 구체적인 실행 방안을 제시한다.

☞ 〈예시〉: "중소기업 지원"이라는 전략적 목표 아래 "자금 지원 프로그램 운영", "창업 컨설팅 제공" 등의 과제를 설정한다.

• 단계별 실행 계획: 사업 추진 단계를 세분화하여 단계별로 구체적인 실행 계획을 설명한다. 이는 체계적인 사업 추진을 보여주는 중요한 요소이다.

1단계: 준비 단계
- 시장 조사 및 분석
- 이해관계자 협력 체계 구축
- 초기 자금 확보 및 예산 계획 수립

2단계: 실행 단계
- 자금 지원 프로그램 운영

▪ ▪ 국비공모사업 이렇게 준비하라!

- 창업 컨설팅 제공
  - 지역 특산물 활용 사업 개발

3단계: 평가 및 피드백 단계
  - 사업 성과 평가
  - 주민 및 이해관계자 피드백 수렴
  - 사업 계획 보완 및 개선

• 구체적인 활동 및 일정: 과제별로 구체적인 활동과 일정을 제시하여, 실행 계획이 현실적이고 실현 가능함을 증명한다.

☞ 〈예시〉: "자금 지원 프로그램 운영" 과제의 경우
  - 1월: 자금 지원 신청 접수 및 심사
  - 2월: 자금 지원 대상 선정 및 통보
  - 3월: 자금 지원 및 사업 진행 상황 모니터링

• 자원 배분 계획: 과제별로 필요한 자원(인적, 물적, 재정적 자원)을 어떻게 배분할 것인지에 대한 계획을 포함한다. 이는 자원의 효율적 활용을 도모한다.

☞ 〈예시〉: "창업 컨설팅 제공" 과제의 경우
  - 인적 자원: 창업 전문가 3명, 지원 직원 2명
  - 재정 자원: 창업 지원 예산 1억 원
  - 물적 자원: 창업 지원 센터 공간 및 설비

• 위험 관리 전략: 사업 추진 과정에서 발생할 수 있는 위험 요소를 식별하고, 이를 관리하기 위한 구체적인 전략을 제시한다.

☞ 〈예시〉: "자금 지원 프로그램"의 경우
  - 위험 요소: 자금 유용 및 부정 사용
  - 관리 전략: 정기적인 회계 감사 및 모니터링 시스템 구축

명확한 사업목표와 비전, 그리고 세부 실행프로그램은 공모사업의 성공을 위한 핵심 요소이다. 구체적이고 측정 가능한 목표를 설정하고, 비전과 사명을 명확히 하며, 전략적 목표와 과제를 포함한 세부 실행프로그램을 체계적으로 구성함으로써 사업의 실현 가능성을 높일 수 있다.

●●● 사업추진 거버넌스와 재원 조달, 예상 파급효과

효과적인 사업추진을 위해서는 명확한 거버넌스 구조, 재원조달 계획, 그리고 사업이 미칠 예상 파급효과를 구체적으로 제시하는 것이 필수적이다. 다음은 사업추진 거버넌스와 재원 조달, 예상 파급효과를 어떻게 구성하고 설명할 수 있는지에 대한 내용이다.

| 1. 사업추진 거버넌스

거버넌스 구조는 사업의 투명성과 효율성을 높이고 성공적인 추진을 보장하는 데 중요한 역할을 한다. 명확한 거버넌스 구조를 제시하여 각 구성원의 역할과 책임을 정의하고 체계적인 사업 관리를 도모한다.

• 조직 구조: 사업 추진을 위해 구성될 팀의 조직 구조를 명확히 제시한다. 각 부서 및 팀의 역할과 책임을 설명하고, 조직 내 소통과 협력 체계를 구축한다.

☞ 〈예시〉:
 – 프로젝트 관리팀: 사업 전체의 관리 및 조정
 – 재정팀: 예산 관리 및 재원 조달
 – 실행팀: 현장 실행 및 운영
 – 홍보팀: 사업 홍보 및 주민 참여 유도

• 의사결정 구조: 주요 의사결정이 어떻게 이루어질지 설명한다. 이는 의사결정 과정의 투명성과 신속성을 보장하는 데 중요하다.

☞ 〈예시〉:
 – 프로젝트 관리위원회: 주요 의사결정 및 조정
 – 자문위원회: 외부 전문가의 조언 및 평가
 – 주민 협의체: 주민 의견 수렴 및 반영

• 모니터링 및 평가 시스템: 사업의 진행 상황을 모니터링하고 정기적인 평가를 통해 개선점을 도출하는 시스템을 구축한다.

☞ 〈예시〉:
- 정기 보고서 작성: 월간/분기별 보고서 작성 및 제출
- 성과 지표 설정: 구체적인 성과 지표를 통해 사업 진행 상황 평가
- 피드백 반영: 평가 결과를 바탕으로 사업 계획 보완 및 개선

| 2. 재원 조달 계획

재원 조달 계획은 사업 추진에 필요한 재원을 어떻게 확보하고 관리할 것인지에 대한 구체적인 방안을 제시한다. 이는 사업의 재정적 안정성을 보장하고, 성공적인 추진을 지원한다.

• 예산 계획: 사업 추진에 필요한 예산을 항목별로 상세히 편성하여 제시한다. 이는 사업의 재정적 타당성을 강조하는 중요한 요소이다.

☞ 〈예시〉:
- 인건비: 1억 원
- 운영비: 5천만 원
- 홍보비: 2천만 원
- 예비비: 1천만 원

• 재원 조달 방안: 필요한 재원을 어떻게 조달할 것인지에 대한 구체적인 계획을 설명한다. 국비, 지방비, 민간 투자 등 다양한 재원 조달 방안을 제시한다.

☞ 〈예시〉:
- 국비 지원: 전체 예산의 50%
- 지방비 지원: 전체 예산의 30%
- 민간 투자: 전체 예산의 20%

• 재정 관리 체계: 조달된 재원을 어떻게 관리하고 집행할 것인지에 대한 체계를 설명한다. 이는 재정 관리의 투명성과 효율성을 보장하는 데 중요하다.

☞ 〈예시〉:
- 재정 관리팀: 재정 관리 및 집행
- 정기 감사: 외부 회계 감사 실시
- 예산 집행 보고: 정기적인 예산 집행 상황 보고

| 3. 예상 파급효과

사업이 성공적으로 추진되었을 때 예상되는 파급효과를 구체적으로 설명한다. 이는 사업의 중요성과 기대 효과를 강조하는 데 중요하다.

• 경제적 파급효과: 사업이 지역경제에 미칠 긍정적인 영향을 설명한다.

☞ 〈예시〉:

- 일자리 창출: 지역 내 100개의 일자리 창출
- 지역경제 활성화: 지역 소상공인 매출 증가
- 투자 유치: 외부 투자 유치 및 지역경제 성장

• 사회적 파급효과: 사업이 지역사회에 미칠 긍정적인 영향을 설명한다.

☞ 〈예시〉:

- 주민 삶의 질 향상: 주민 복지 향상 및 사회적 통합 강화
- 교육 및 역량 강화: 주민 교육 프로그램 운영 및 역량 강화
- 사회적 자본 증대: 커뮤니티 활성화 및 사회적 네트워크 강화

• 환경적 파급효과: 사업이 환경에 미칠 긍정적인 영향을 설명한다.

☞ 〈예시〉:

- 환경 보호: 친환경 기술 도입 및 자원 절약
- 지속 가능한 발전: 지속 가능한 지역 발전 모델 구축
- 생태계 보전: 지역 생태계 보전 및 환경 교육 프로그램 운영

사업추진 거버넌스와 재원 조달, 예상 파급효과는 공모사업의 성공을 위한 핵심 요소이다. 명확한 거버넌스 구조를 통해 사업의 투명성과 효율성을 높이고, 구체적인 재원 조달 계획을 통해 재정적 안정성을 보장하며, 예상 파급효과를 통해 사업의 중요성과 기대 효과를 강조할 수 있다.

10 열정과 매력을 담은 프레젠테이션

●●● 국비공모사업에서 프레젠테이션의 중요성

국비공모사업에서 프레젠테이션은 사업계획서만큼이나 중요한 역할을 한다. 이는 단순히 계획시를 설명하는 깃을 넘어서 심사위원들에게 사업의 필요성과 타당성을 설득하고, 사업에 대한 열정과 확신을 전달하는 중요한 기회이다.

| 1. 첫인상과 신뢰 형성

프레젠테이션은 심사위원들에게 첫인상을 남기는 중요한 기회이다. 잘 준비된 프레젠테이션은 사업의 신뢰도를 높이고, 심사위원들이 사업에 대해 긍정적인 인식을 가지게 한다.

• 프로페셔널한 이미지: 깔끔하고 체계적인 자료와 자신감 있는 발표는 심사위원들에게 프로페셔널한 이미지를 전달한다. 이는 사업의 신

뢰성을 높이는 데 기여한다.

• 신뢰 형성: 발표자의 태도와 준비 상태는 심사위원들에게 신뢰를 형성하는 중요한 요소이다. 철저히 준비된 프레젠테이션은 사업의 진지함과 신뢰성을 증명할 수 있다.

| 2. 사업의 핵심 메시지 전달

프레젠테이션은 사업의 핵심 메시지를 명확하게 전달하는 데 중요한 역할을 한다. 사업계획서의 중요한 내용을 강조하고 사업의 목표와 비전을 심사위원들에게 효과적으로 전달할 수 있다.

• 핵심 메시지 강조: 프레젠테이션을 통해 사업의 주요 목표, 비전, 기대 효과 등을 명확히 강조한다. 이는 심사위원들이 사업의 핵심을 빠르게 파악하는 데 도움을 준다.

• 직관적 이해: 시각적 자료와 구체적인 예시를 통해 사업의 내용을 쉽게 이해할 수 있도록 돕는다. 이는 복잡한 내용을 직관적으로 전달하는 데 효과적이다.

| 3. 열정과 확신 전달

프레젠테이션은 발표자가 사업에 대한 열정과 확신을 직접적으로 전달할 기회이다. 이는 심사위원들에게 강한 인상을 남기고 사업에 대한 긍정적인 평가를 유도할 수 있다.

• 열정적인 발표: 발표자의 열정과 에너지는 심사위원들에게 사업의 중요성과 필요성을 강하게 전달한다. 이는 심사위원들의 감정에 호소하여 공감을 얻는 데 효과적이다.

• 확신과 자신감: 발표자의 자신감 있는 태도는 사업의 실현 가능성에 대한 확신을 심사위원들에게 전달한다. 이는 심사위원들이 사업을 신뢰하고 지지하는 데 중요한 역할을 한다.

| 4. 상호작용과 즉각적인 피드백

프레젠테이션은 심사위원들과 직접 상호작용할 기회이다. 이는 즉각적인 피드백을 통해 사업의 개선점을 파악하고 심사위원들의 요구와 기대를 반영할 수 있는 중요한 순간이다.

• 즉각적인 피드백: 프레젠테이션 중 심사위원들의 반응과 질문을 통해 즉각적인 피드백을 받을 수 있다. 이는 사업 계획을 보완하고 개선하는 데 유용하다.

• 상호작용: 심사위원들과의 상호작용을 통해 사업의 타당성과 필요성에 대한 공감을 얻고 긍정적인 평가를 유도할 수 있다.

| 5. 시각적 자료를 통한 설득력 강화

프레젠테이션은 시각적 자료를 활용하여 사업의 내용을 보다 설득력 있게 전달할 수 있다. 이는 사업계획서에서 다루기 어려운 부분을 보완하고 심사위원들의 이해를 돕는 데 효과적이다.

• 인포그래픽과 도표 활용: 복잡한 데이터를 시각적으로 표현하여 심사위원들이 쉽게 이해할 수 있도록 한다. 이는 정보 전달의 명확성과 설득력을 높이는 데 기여한다.

• 이미지와 영상 활용: 사업의 구체적인 모습을 전달할 수 있는 이미지나 영상을 포함하여 심사위원들에게 강한 인상을 남길 수 있다. 이는 사업의 실현 가능성을 시각적으로 증명하는 데 효과적이다.

국비공모사업에서 프레젠테이션은 사업계획서만큼이나 중요한 역할을 한다. 첫인상을 통해 신뢰를 형성하고, 사업의 핵심 메시지를 명확히 전달하며, 발표자의 열정과 확신을 전달하는 기회를 제공한다. 또한, 심사위원들과의 상호작용을 통해 즉각적인 피드백을 받을 수 있고, 시각적 자료를 통해 설득력을 강화할 수 있다. 잘 준비된 프레젠테이션은 사업의 성공 가능성을 높이고, 심사위원들의 긍정적인 평가를 이끌어낼 수 있다.

●●● 프레젠테이션의 준비와 자료 작성

프레젠테이션의 성공은 철저한 준비와 자료 작성에서 시작된다. 효과적인 프레젠테이션을 위해서는 체계적인 준비 과정과 매력적인 자료 작성이 필수적이다.

| 1. 철저한 사전 준비

프레젠테이션의 성공은 철저한 사전 준비에 달려 있다. 발표 내용, 발표자, 발표 환경 등을 사전에 면밀히 준비해야 한다.

• 목표 설정: 프레젠테이션의 목표를 명확히 설정한다. 이를 통해 전달하고자 하는 핵심 메시지를 분명히 하고 발표의 방향성을 잡을 수 있다.

• 청중 분석: 발표 대상인 심사위원들의 배경, 관심사, 기대 등을 분석한다. 이를 통해 청중의 요구와 기대에 맞는 발표 내용을 구성할 수 있다.

• 시간 관리: 발표 시간에 맞추어 내용을 조절하고 시간을 효율저으로 관리한다. 이를 통해 발표 시간이 초과되지 않도록 하고 핵심 내용을 전달할 수 있다.

| 2. 체계적인 자료 작성

프레젠테이션 자료는 청중의 이해를 돕고 발표 내용을 효과적으로 전달하는 데 중요한 역할을 한다. 체계적으로 자료를 작성하여 발표의 설득력을 높인다.

• 구조화된 내용 구성: 발표 내용을 논리적으로 구성하고 체계적인 흐름을 유지한다. 이를 통해 청중이 내용을 쉽게 따라올 수 있도록 한다.

〈예시〉:
- 서론: 사업의 필요성과 목표 제시
- 본론: 사업 계획, 실행 전략, 기대 효과 설명
- 결론: 사업의 중요성 재강조 및 요청 사항

• 명확한 슬라이드 디자인: 슬라이드는 간결하고 명확하게 디자인하여 핵심 메시지를 강조한다. 불필요한 정보는 최소화하고 시각적으로 깔끔한 디자인을 유지한다.

• 시각적 자료 활용: 인포그래픽, 도표, 그래프 등을 활용하여 데이터를 시각적으로 표현한다. 이를 통해 청중이 복잡한 정보를 쉽게 이해할 수 있도록 돕는다.

• 구체적인 예시와 사례: 발표 내용을 뒷받침할 수 있는 구체적인 예

시와 사례를 포함한다. 이를 통해 발표 내용의 신뢰성과 설득력을 높인다.

| 3. 발표 연습과 피드백

철저한 준비와 자료 작성 후에는 발표 연습과 피드백을 통해 발표의 완성도를 높인다.

• 반복 연습: 발표 내용을 반복해서 연습하여 발표자의 자신감과 유창함을 높인다. 이를 통해 발표 중 실수를 줄이고 청중에게 신뢰감을 줄 수 있다.

• 피드백 수렴: 동료나 전문가에게 발표 내용을 검토받고 피드백을 수렴하여 개선한다. 이를 통해 발표의 완성도를 높이고 약점을 보완할 수 있다.

• 현장 점검: 발표 장소와 장비를 사전에 점검하여 발표 중 발생할 수 있는 기술적인 문제를 예방한다. 이를 통해 발표 중단 없이 원활한 진행을 보장한다.

프레젠테이션의 성공은 철저한 준비와 체계적인 자료 작성에서 시작된다. 목표 설정, 청중 분석, 시간 관리 등의 사전 준비와 구조화된 내용 구성, 명확한 슬라이드 디자인, 시각적 자료 활용, 구체적인 예시와 사례 등의 체계적인 자료 작성은 발표의 설득력을 높이는 데 필수적이다. 발표 연습과 피드백을 통해 발표의 완성도를 높이고 현장 점검을 통해 기술적인 문제를 예방함으로써 성공적인 프레젠테이션을 이끌어낼 수 있다.

●● 매력적인 프레젠테이션 자료의 요건

매력적인 프레젠테이션 자료는 심사위원들의 관심을 끌고 사업의 핵심 메시지를 효과적으로 전달하는 데 중요한 역할을 한다. 잘 준비된 자료는 정보의 명확성을 높이고 설득력을 강화하여 프레젠테이션의 성공 가능성을 크게 높인다. 매력적인 프레젠테이션 자료를 만들기 위해 필요한 요건들은 다음과 같다.

| 1. 간결하고 명확한 디자인

프레젠테이션 자료는 간결하고 명확한 디자인을 통해 정보의 전달력을 높여야 한다. 복잡한 디자인은 오히려 정보를 혼란스럽게 만들 수 있다.

• 단순한 레이아웃: 슬라이드는 단순한 레이아웃을 유지하여 주요 메시지를 강조한다. 불필요한 장식이나 복잡한 배경은 피하고 핵심 내

용이 돋보이도록 구성한다.

- 일관된 디자인: 프레젠테이션 전체에 걸쳐 일관된 디자인 요소(폰트, 색상, 레이아웃)를 사용하여 전문적인 느낌을 준다. 이는 청중이 자료를 쉽게 따라올 수 있도록 돕는다.

- 글자 크기와 폰트: 글자 크기는 가독성을 고려하여 충분히 크게 설정하고 폰트는 명확하고 읽기 쉬운 것을 사용한다. 너무 작은 글자나 복잡한 폰트는 피한다.

| 2. 시각적 요소의 적절한 활용

시각적 요소는 정보를 시각적으로 전달하여 청중의 이해를 돕고 프레젠테이션의 매력을 높인다.

- 이미지와 그래픽: 관련 이미지와 그래픽을 사용하여 정보를 시각적으로 표현한다. 이는 청중의 관심을 끌고 메시지를 명확하게 전달하는 데 도움이 된다.

- 인포그래픽과 아이콘: 복잡한 데이터를 시각적으로 쉽게 이해할 수 있도록 인포그래픽과 아이콘을 활용한다. 이는 정보의 명확성과 가독성을 높인다.

• 컬러 코드: 중요한 정보나 키워드를 강조하기 위해 컬러 코드를 사용한다. 이는 청중의 주의를 끌고, 주요 메시지를 강조하는 데 효과적이다.

| 3. 명확한 정보 전달

프레젠테이션 자료는 정보를 명확하게 전달할 수 있도록 구성되어야한다. 복잡한 내용은 간결하게 요약하고 핵심 메시지를 중심으로 구성한다.

• 핵심 메시지 중심: 슬라이드는 핵심 메시지를 중심으로 구성하고 불필요한 정보는 최소화한다. 이는 청중이 주요 내용을 쉽게 이해할 수 있도록 돕는다.

☞ 〈예시〉: 각 슬라이드의 제목을 핵심 메시지로 설정하고 본문에는 이를 뒷받침하는 주요 내용을 포함한다.

• 숫자와 데이터 활용: 구체적인 숫자와 데이터를 활용하여 정보를 객관적으로 전달한다. 이는 프레젠테이션의 신뢰성을 높이는 데 도움이 된다.

☞ 〈예시〉: 성과를 설명할 때, "지난해 대비 20% 성장"과 같은 구체적인 데이터를 포함한다.

• 간결한 텍스트: 텍스트는 간결하고 요점만을 포함하도록 작성한다. 긴 문장보다는 핵심 단어와 구절을 사용하여 정보를 전달한다.

☞ 〈예시〉: "지역경제 활성화" 대신 "경제 성장 20%↑, 일자리 100개↑"와 같이 간결하게 표현한다.

| 4. 스토리텔링 기법 활용

프레젠테이션 자료는 스토리텔링 기법을 활용하여 청중의 관심을 끌고 메시지를 효과적으로 전달할 수 있어야 한다.

• 문제 제기와 해결책: 프레젠테이션의 시작 부분에서 문제를 제기하고 이후에 해결책을 제시하는 구조를 사용한다. 이는 청중의 관심을 끌고 메시지를 명확히 전달하는 데 효과적이다.

☞ 〈예시〉: "현재 지역경제의 문제는 무엇인가?" → "우리의 해결책은?"

• 사례와 예시: 구체적인 사례와 예시를 통해 메시지를 뒷받침한다. 이는 청중이 내용을 쉽게 이해하고 공감할 수 있도록 돕는다.

☞ 〈예시〉: 유사한 프로젝트의 성공 사례를 소개하고, 이를 통해 제안하는 사업의 타당성을 증명한다.

• 감정적 연결: 청중의 감정을 자극할 수 있는 요소를 포함하여 발표 내용에 대한 공감대를 형성한다. 이는 발표의 설득력을 높이는 데 중요하다.

☞ 〈예시〉: 사업이 성공했을 때 지역 주민의 삶이 어떻게 개선될 것인지에 대한 이야기를 포함한다.

| 5. 연습과 피드백

마지막으로, 매력적인 프레젠테이션 자료는 반복적인 연습과 피드백을 통해 완성도를 높인다.

• 반복 연습: 자료를 기반으로 발표 연습을 반복하여 발표자의 자신감과 유창함을 높인다. 이는 실제 발표 시 자연스럽고 효과적인 전달을 가능하게 한다.

• 피드백 수렴: 동료나 전문가에게 자료를 검토받고 피드백을 수렴하여 개선한다. 이는 자료의 완성도를 높이고 약점을 보완하는 데 중요하다.

매력적인 프레젠테이션 자료는 간결하고 명확한 디자인, 시각적 요소의 적절한 활용, 명확한 정보 전달, 스토리텔링 기법 활용, 연습과 피드백 등의 요소를 포함해야 한다. 이러한 요건을 충족시킴으로써 심사위원들의 관심을 끌고 사업의 핵심 메시지를 효과적으로 전달할 수 있다.

●●● 누가 프레젠테이션을 할 것인가?

프레젠테이션의 성공 여부는 발표자의 능력과 태도에 크게 좌우된다. 국비공모사업에서 발표자는 사업의 얼굴이며 사업의 비전과 목표를 효과적으로 전달하는 중요한 역할을 맡는다. 발표자는 누구여야 하고 어떤 자질을 갖추어야 하는지 살펴보자.

| 1. 발표자 선정 기준

발표자는 발표 내용에 대한 깊은 이해와 뛰어난 의사소통 능력을 갖춘 사람이어야 한다. 다음과 같은 기준을 고려하여 발표자를 선정한다.

• 전문성: 발표자는 사업 내용과 관련된 전문 지식을 갖추고 있어야 한다. 사업의 목적, 전략, 기대 효과 등에 대해 명확히 이해하고 있어야 하며 심사위원의 질문에 정확히 답변할 수 있어야 한다.

• 의사소통 능력: 발표자는 명확하고 설득력 있게 메시지를 전달할 수 있는 의사소통 능력을 갖추고 있어야 한다. 발표 내용의 핵심을 잘 전달하고 청중의 관심을 끌 수 있어야 한다.

• 자신감과 열정: 발표자는 자신감 있고 열정적인 태도로 발표에 임해야 한다. 이는 청중에게 긍정적인 인상을 주고 사업에 대한 신뢰와

공감을 이끌어낼 수 있다.

| 2. 발표자 교육과 준비

선정된 발표자는 철저한 교육과 준비를 통해 발표 능력을 극대화해야 한다. 다음과 같은 과정이 필요하다.

• 프레젠테이션 교육: 발표자는 효과적인 프레젠테이션 기법과 스킬에 대한 교육을 받아야 한다. 이는 발표의 질을 높이는 데 중요한 역할을 한다.

• 내용 숙지: 발표자는 프레젠테이션 내용에 대해 철저히 숙지해야 한다. 슬라이드 내용뿐만 아니라 예상 질문과 답변까지 준비하여야 한다.

• 발표 연습: 반복적인 발표 연습을 통해 발표자의 자신감을 높이고 발표 내용을 유창하게 전달할 수 있도록 한다. 이는 실제 발표에서 긴장감을 줄이고 자연스러운 발표를 가능하게 한다.

• 모의 발표: 실제 발표와 유사한 환경에서 모의 발표를 실시하여 발표자의 준비 상태를 점검하고 개선점을 찾는다.

| 3. 팀 프레젠테이션

프레젠테이션을 한 명이 아닌 여러 명이 팀으로 진행하는 경우도 있다. 팀 프레젠테이션은 각자의 전문성을 살려 발표를 나눠서 할 수 있기 때문에 효율적일 수 있다.

• 역할 분담: 팀원 간의 역할을 명확히 분담하여 각자의 전문성을 살린 발표를 할 수 있도록 한다. 예를 들어, 한 명은 사업 개요와 목표를 설명하고 다른 한 명은 재정 계획과 실행 전략을 설명하는 방식이다.

• 팀워크 강화: 팀원 간의 원활한 협력과 소통을 통해 일관된 메시지를 전달할 수 있도록 한다. 이는 팀 전체의 신뢰성과 발표의 완성도를 높이는 데 중요하다.

• 연결과 흐름: 각 발표자 간의 발표 내용이 자연스럽게 연결되고 일관된 흐름을 유지할 수 있도록 한다. 이는 청중이 발표 내용을 쉽게 이해할 수 있도록 돕는다.

| 4. 비상 상황 대처

발표 중 예상치 못한 상황이 발생할 수 있다. 이를 대비하여 비상 상황 대처 방안을 마련한다.

- 대체 발표자 준비: 주 발표자가 갑작스럽게 발표를 할 수 없는 상황에 대비해 대체 발표자를 미리 준비한다.

- 기술적 문제 대비: 발표 중 기술적 문제가 발생할 경우를 대비해 대처 방안을 마련한다. 예를 들어, 슬라이드가 작동하지 않을 경우 대처 방법 등을 준비한다.

☞ 〈예시〉: 발표 자료를 USB에 저장해 두거나, 클라우드에 업로드하여 다른 장비에서도 접근할 수 있도록 한다.

프레젠테이션에서 발표자는 사업의 얼굴이자 메시지 전달의 핵심 역할을 맡는다. 발표자는 전문성, 의사소통 능력, 자신감과 열정을 갖춘 사람이어야 하며, 철저한 교육과 준비를 통해 발표 능력을 극대화해야 한다. 또한, 팀 프레젠테이션의 경우 역할 분담과 팀워크를 강화하고, 비상 상황 대처 방안을 마련함으로써 발표의 성공 가능성을 높일 수 있다.

●● 심사위원을 설득하는 프레젠테이션 스킬

프레젠테이션의 성공 여부는 얼마나 효과적으로 심사위원을 설득할 수 있는지에 달려 있다. 설득력 있는 프레젠테이션을 위해서는 다양한

스킬과 전략이 필요하다. 심사위원을 설득하는 프레젠테이션 스킬은
다음과 같다.

| 1. 청중 분석과 맞춤형 메시지

심사위원을 설득하기 위해서는 그들의 배경과 관심사를 파악하고 이
를 반영한 맞춤형 메시지를 전달해야 한다.

• 청중 분석: 심사위원들의 배경, 전문성, 관심사를 사전에 조사하
여 파악한다. 이를 통해 심사위원들이 중요하게 생각하는 포인트를 중
심으로 프레젠테이션을 구성할 수 있다.

☞ 〈예시〉: 심사위원들이 환경 문제에 관심이 많다면, 사업의 환경
적 효과를 강조하는 슬라이드를 추가한다.

• 맞춤형 메시지: 청중 분석을 바탕으로 맞춤형 메시지를 전달한다.
심사위원들이 공감하고 이해할 수 있는 언어와 사례를 사용하여 설득
력을 높인다.

☞ 〈예시〉: "이 사업은 지역 환경을 보호하고 지속 가능한 발전을 도
모합니다. 이는 심사위원님께서 강조하신 환경 보호와 일치합니
다."

| 2. 명확하고 간결한 전달

프레젠테이션에서 중요한 메시지를 명확하고 간결하게 전달하는 것이 핵심이다. 장황한 설명보다는 핵심 포인트를 강조하는 것이 효과적이다.

• 핵심 메시지 강조: 슬라이드마다 하나의 핵심 메시지를 전달하고 이를 명확하게 강조한다. 중요한 정보는 반복하여 강조함으로써 심사위원들의 기억에 남도록 한다.

☞〈예시〉: "우리 사업의 핵심 목표는 지역경제 활성화입니다. 이를 위해 3가지 전략을 제시합니다."

• 간결한 표현: 복잡한 내용을 간결하게 요약하여 전달한다. 긴 문장보다는 짧고 명확한 문장을 사용하고, 불필요한 정보를 배제한다.

☞〈예시〉: "이번 사업은 3가지 주요 단계를 포함합니다: 준비, 실행, 평가."

| 3. 데이터와 증거의 활용

구체적인 데이터와 증거를 제시하여 심사위원들의 신뢰를 얻고 사업의 타당성을 증명한다.

• 구체적인 데이터 제시: 사업의 효과를 증명할 수 있는 구체적인 데이터와 통계를 제시한다. 이는 사업의 신뢰성을 높이고 심사위원들이 객관적으로 평가할 수 있도록 한다.

☞ 〈예시〉: "지난해 유사한 사업을 통해 지역경제가 15% 성장했습니다. 이번 사업은 이보다 더 큰 성장을 기대하고 있습니다."

• 성공 사례 소개: 유사한 사업의 성공 사례를 소개하여 사업의 실현 가능성을 증명한다. 이는 심사위원들에게 사업의 타당성을 납득시키는 데 효과적이다.

☞ 〈예시〉: "다른 지역에서 성공적으로 시행된 사례를 보면, 우리 사업도 비슷한 성과를 낼 수 있음을 알 수 있습니다."

| 4. 비주얼과 스토리텔링

비주얼과 스토리텔링 기법을 활용하여 프레젠테이션의 흥미를 높이고 메시지를 효과적으로 전달한다.

• 비주얼 활용: 시각적 자료(그래프, 인포그래픽, 이미지 등)를 활용하여 정보를 명확하게 전달한다. 시각적 자료는 청중의 이해를 돕고 발표의 설득력을 높이는 데 효과적이다.

•• 국비공모사업 이렇게 준비하라!

☞ 〈예시〉: "여기 보시는 그래프는 우리 사업이 지역경제에 미칠 긍정적인 영향을 시각적으로 보여줍니다."

• 스토리텔링: 사업의 필요성과 효과를 이야기 형식으로 풀어내어 청중의 관심을 끌고 공감을 이끌어낸다. 감정적으로 연결될 수 있는 이야기는 청중에게 강한 인상을 남긴다.

☞ 〈예시〉: "이 사업을 통해 한 주민의 삶이 어떻게 변화했는지 이야기해 보겠습니다. 이 주민은…"

| 5. 열정과 자신감

발표자의 열정과 자신감은 심사위원들에게 긍정적인 인상을 주고, 사업의 타당성을 더욱 확신하게 만든다.

• 열정적인 태도: 발표자가 사업에 대한 열정을 가지고 있다는 것을 보여준다. 이는 심사위원들에게 사업이 중요하고 성공 가능성이 높다는 인상을 준다.

☞ 〈예시〉: "저희 팀은 이 사업이 지역사회에 미칠 긍정적인 영향을 믿고 있으며 이를 위해 최선을 다할 것입니다."

• 자신감 있는 발표: 자신감 있는 태도로 발표에 임하며 심사위원들과의 눈 맞춤과 명확한 발음으로 신뢰를 얻는다. 이는 발표의 설득력

을 높이는 데 필수적이다.

| 6. 인터랙티브 프레젠테이션

심사위원들과의 상호작용을 통해 프레젠테이션의 효과를 극대화한다. 질문과 답변, 의견 수렴 등의 방식을 통해 심사위원들의 참여를 유도한다.

• 질문 유도: 발표 중간에 질문을 유도하여 심사위원들의 참여를 끌어낸다. 이는 프레젠테이션을 더욱 생동감 있게 만들고 심사위원들의 관심을 유지하는 데 도움이 된다.

☞ 〈예시〉: "이 부분에 대해 궁금한 점이 있으시면 말씀해 주십시오."

• 피드백 반영: 심사위원들의 피드백을 반영하여 발표 내용을 보완하고 즉각적인 개선점을 찾아낸다. 이는 발표의 완성도를 높이는 데 효과적이다.

☞ 〈예시〉: "지적해 주신 내용을 반영하여 다음 단계에서는 더욱 구체적인 계획을 제시하겠습니다."

심사위원을 설득하는 프레젠테이션 스킬은 청중 분석과 맞춤형 메시지 전달, 명확하고 간결한 표현, 구체적인 데이터와 증거 활용, 비주얼과 스토리텔링, 열정과 자신감, 인터랙티브 프레젠테이션을 포함한다. 이러한 스킬을 효과적으로 활용함으로써 발표자는 심사위원들의 신뢰와 공감을 얻고 사업의 타당성을 성공적으로 전달할 수 있다.

●● 질의응답에서 긍정적인 평가를 얻는 방법

질의응답(Q&A) 시간은 프레젠테이션의 중요한 부분으로 심사위원들이 사업의 타당성과 실행 가능성에 대해 더 깊이 이해하고 평가하는 단계이다. 이 시간에 어떻게 대응하느냐에 따라 심사위원들을 설득하고 긍정적인 평가를 얻는 것이 가능하다. 효과적인 질의응답을 위해 다음과 같은 전략을 고려할 수 있다.

| 1. 철저한 준비

질의응답에서 성공하려면 예상 질문을 미리 준비하고 그에 대한 답변을 준비하는 것이 중요하다.

• 예상 질문 목록 작성: 심사위원들이 물어볼 수 있는 예상 질문 목록을 작성하고 이에 대한 답변을 준비한다. 이는 질문에 대한 자신감

을 높이고 신속하고 정확한 답변을 가능하게 한다.

    ☞ 〈예시〉: "이 사업의 재원은 어떻게 조달할 계획인가요?", "사업
         의 성공 가능성을 어떻게 평가하나요?"

• 자료 준비: 예상 질문에 대한 답변을 뒷받침할 수 있는 구체적인
데이터와 자료를 준비한다. 이를 통해 답변의 신뢰성을 높일 수 있다.

    ☞ 〈예시〉: "사업 재원 조달 계획" 슬라이드, "유사 사업의 성공 사
         례" 보고서

| 2. 적극적 경청과 공감

질문을 받는 동안 적극적으로 경청하고 질문자에게 공감하는 태도
를 보이는 것이 중요하다.

• 적극적 경청: 심사위원의 질문을 끝까지 경청하고 질문의 요점을
정확히 파악한다. 중간에 끼어들지 않고 질문자가 완전히 말을 마치도
록 기다린다.

    ☞ 〈예시〉: 고개를 끄덕이거나, "네, 이해했습니다"와 같은 반응을
         보인다.

• 공감 표현: 질문에 대해 공감하는 태도를 보인다. 이는 질문자가

자신이 존중받고 있다는 느낌을 주어 긍정적인 관계를 형성하는 데 도움이 된다.

> ☞ 〈예시〉: "중요한 지적을 해주셔서 감사합니다. 이 부분은 저희도 깊이 고민하고 있는 사항입니다."

| 3. 명확하고 간결한 답변

질문에 대한 답변은 명확하고 간결하게 전달해야 한다. 긴 설명보다는 핵심을 중심으로 답변하는 것이 효과적이다.

• 핵심 중심 답변: 질문에 대한 핵심 답변을 먼저 제공하고 필요한 경우 추가 설명을 덧붙인다. 이는 심사위원들이 빠르게 답변을 이해할 수 있도록 돕는다.

> ☞ 〈예시〉: "사업 재원은 국비와 지방비, 민간 투자를 통해 조달할 계획입니다. 구체적인 비율은…"

• 구체적인 예시 제공: 답변에 구체적인 예시와 데이터를 포함하여 답변의 신뢰성을 높인다.

> ☞ 〈예시〉: "유사한 사업에서는 지역경제가 15% 성장한 사례가 있습니다. 이를 바탕으로 우리 사업도…"

| 4. 어려운 질문 대처법

어려운 질문이나 예상치 못한 질문이 나올 경우 당황하지 않고 차분하게 대처하는 것이 중요하다.

• 솔직한 답변: 모르는 내용에 대해서는 솔직하게 인정하고 추가 자료를 통해 답변하겠다고 약속한다. 이는 신뢰를 유지하는 데 도움이 된다.

☞ 〈예시〉: "현재 이 부분에 대한 구체적인 데이터는 준비되지 않았지만, 조사 후 제공해 드리겠습니다."

• 시간 확보: 복잡한 질문에 대해서는 답변 시간을 조금 확보하기 위해 질문을 다시 한번 요약하거나 생각할 시간을 잠깐 가지는 것도 좋다.

☞ 〈예시〉: "질문을 이해했습니다. 잠시만 시간을 주시면 구체적으로 답변드리겠습니다."

| 5. 긍정적인 태도와 자신감 유지

질의응답 중에는 긍정적인 태도와 자신감을 유지하는 것이 중요하다. 이는 심사위원들에게 신뢰를 주고 발표자의 전문성을 강조하는 데 도움이 된다.

- 긍정적인 언어 사용: 긍정적인 언어와 표현을 사용하여 답변한다. 이는 심사위원들이 긍정적인 인상을 받도록 돕는다.

☞ 〈예시〉: "이 문제를 해결하기 위해 저희는 다양한 방안을 검토 중입니다. 구체적인 방안으로는…"

- 자신감 있는 태도: 자신감 있는 태도로 답변에 임한다. 눈을 맞추고, 명확한 목소리로 답변하여 신뢰를 높인다.

☞ 〈예시〉: "네, 이 부분에 대해 저희는 충분히 준비되어 있습니다. 구체적인 계획은…"

| 6. 질문을 통한 상호작용

질의응답을 단순한 답변 시간으로 여기지 말고 심사위원들과의 상호작용 기회로 활용한다.

- 질문 되묻기: 질문에 대한 답변을 제공한 후 심사위원에게 추가 질문을 던져 상호작용을 유도한다.

☞ 〈예시〉: "이 답변이 충분한지 궁금합니다. 추가로 궁금한 점이

있으신가요?"

• 피드백 요청: 답변 후 심사위원의 피드백을 요청하여 프레젠테이션의 개선점을 파악하고 심사위원의 의견을 반영할 수 있다.

☞ 〈예시〉: "제 답변이 충분했는지?, 혹은 추가 설명이 필요한지 말씀해 주시면 감사하겠습니다."

질의응답에서 내 편을 만드는 방법은 철저한 준비, 적극적 경청과 공감, 명확하고 간결한 답변, 어려운 질문 대처법, 긍정적인 태도와 자신감 유지, 질문을 통한 상호작용 등을 포함한다. 이러한 전략을 효과적으로 활용함으로써, 발표자는 심사위원들의 신뢰와 공감을 얻고 사업의 타당성을 성공적으로 전달할 수 있다.

11 평가위원을 감동시키는 현장평가

◉◉ 국비공모사업에서 현장평가는?

국비공모사업에서 현장평가는 평가위원들이 사업 현장을 직접 방문하여 사업의 실현 가능성, 준비 상태, 지역 주민의 관심과 참여를 평가하는 중요한 과정이다. 이는 단순히 문서로 제출된 사업계획서와 프레젠테이션만으로는 확인할 수 없는 현장의 실질적인 상황을 파악하고, 사업의 타당성과 성공 가능성을 종합적으로 평가하는 데 목적이 있다.

| 1. 현장평가의 중요성

현장평가는 국비공모사업의 최종 선정 과정에서 매우 중요한 역할을 한다. 이는 사업의 실현 가능성과 준비 상태를 평가위원들이 직접 확인할 기회를 제공한다.

• 실질적인 상황 파악: 현장평가는 사업이 실제로 어떻게 진행될 것인지, 사업 장소와 관련 인프라가 적절한지 평가할 기회를 제공한다. 이는 사업의 실현 가능성을 평가하는 데 중요한 요소이다.

• 사업 준비 상태 확인: 사업계획서와 프레젠테이션에서 언급된 준비 상태와 실제 현장의 준비 상태를 비교하여 평가위원들이 사업의 준비 상태를 직접 확인할 수 있다.

• 지역 주민의 관심과 참여 확인: 현장평가를 통해 지역 주민들의 사업에 대한 관심과 참여도를 평가할 수 있다. 이는 사업의 성공 가능성을 높이는 중요한 요소이다.

| 2. 현장평가의 구성 요소

현장평가는 여러 가지 구성 요소로 이루어지며, 각 요소는 평가위원들이 다양한 측면에서 사업을 평가할 수 있도록 한다.

• 현장 투어: 평가위원들이 사업이 진행될 현장을 직접 둘러보며 사업 장소의 적절성과 관련 인프라를 평가한다.

• 시연 및 설명: 현장에서 사업의 주요 내용을 시연하거나 설명하는 시간을 통해 평가위원들이 사업의 구체적인 진행 방식을 이해할 수 있도록 한다.

• 이해관계자 인터뷰: 지역 주민, 사업 관련자, 이해관계자들과의 인터뷰를 통해 사업에 대한 다양한 의견을 수렴하고 평가한다.

• 질의응답 세션: 평가위원들과의 질의응답 세션을 통해 사업에 대한 추가적인 정보를 제공하고, 평가위원들의 궁금증을 해소한다.

| 3. 현장평가의 주요 평가 기준

현장평가에서는 다양한 평가 기준을 바탕으로 사업의 타당성과 실현 가능성을 종합적으로 평가한다. 주요 평가 기준은 다음과 같다.

• 사업의 준비 상태: 사업의 준비 상태가 철저히 갖추어져 있는지, 사업이 실제로 실행될 준비가 되어 있는지를 평가한다.

• 사업 장소의 적절성: 사업 장소가 사업을 성공적으로 추진하는 데 적절한지, 필요한 인프라와 자원이 충분히 마련되어 있는지를 평가한다.

• 지역 주민의 관심과 참여도: 지역 주민들이 사업에 얼마나 관심을 가지고 참여하고 있는지를 평가한다. 이는 사업의 지속 가능성과 성공 가능성을 평가하는 중요한 요소이다.

• 이해관계자 협력 상태: 사업과 관련된 이해관계자들이 얼마나 협

력하고 있는지를 평가한다. 이는 사업의 실행 가능성을 높이는 중요한 요소이다.

| 4. 현장평가의 절차

현장평가는 정해진 절차에 따라 체계적으로 진행된다. 일반적인 현장평가 절차는 다음과 같다.

• 사전 준비: 현장평가를 위한 사전 준비를 철저히 진행한다. 평가위원들에게 제공할 자료를 준비하고 현장 투어와 시연을 계획한다.

• 현장 방문 및 투어: 평가위원들이 현장을 방문하여 투어를 진행한다. 사업 장소와 관련 인프라를 직접 확인하고 시연과 설명을 듣는다.

• 이해관계자 인터뷰: 평가위원들이 지역 주민, 사업 관련자, 이해관계자들과의 인터뷰를 통해 다양한 의견을 수렴한다.

• 질의응답 세션: 평가위원들과의 질의응답 세션을 통해 사업에 대한 추가적인 정보를 제공하고 궁금증을 해소한다.

• 평가 및 피드백: 현장평가가 완료된 후 평가위원들이 평가를 신행하고 피드백을 제공한다. 이를 통해 사업의 개선점을 파악하고 보완할 수 있다.

• •국비공모사업 이렇게 준비하라!

국비공모사업에서 현장평가는 사업의 타당성과 실현 가능성을 평가하는 중요한 과정이다. 평가위원들은 현장 투어, 시연 및 설명, 이해관계자 인터뷰, 질의응답 세션 등을 통해 사업의 준비 상태, 장소의 적절성, 지역 주민의 관심과 참여도, 이해관계자 협력 상태 등을 종합적으로 평가한다. 현장평가는 사업의 성공 가능성을 높이는 중요한 요소로 철저한 준비와 대응이 필요하다.

| 현장평가 준비와 대응

현장평가는 사업의 실현 가능성과 타당성을 직접 평가받는 중요한 과정이므로 철저한 준비와 신속한 대응이 필요하다. 평가위원들이 긍정적인 인상을 받을 수 있도록 하기 위해서는 현장평가의 각 단계를 체계적으로 준비하고 예상치 못한 상황에도 유연하게 대응할 수 있는 계획을 마련해야 한다.

| 1. 사전 준비

현장평가를 성공적으로 진행하기 위해서는 사전 준비가 철저해야 한다. 이는 평가위원들이 사업의 타당성과 준비 상태를 명확히 이해할 수 있도록 돕는 중요한 단계이다.

• 자료 준비: 평가위원들에게 제공할 모든 자료를 사전에 준비한다. 이는 사업계획서, 예산서, 관련 통계자료, 사업 현황 보고서 등을 포함한다.

• 현장 정비: 평가위원들이 방문할 현장을 정비하고 필요한 설비와 장비를 점검한다. 현장이 깔끔하고 준비된 상태임을 보여주는 것이 중요하다.

• 스케줄 조율: 현장평가 일정과 세부 일정을 사전에 조율하고 모든 관계자의 일정에 맞춰 준비할 수 있도록 한다. 이는 평가위원들이 원활하게 현장을 방문하고 평가할 수 있도록 돕는다.

• 팀 구성 및 역할 분담: 현장평가를 위한 전담팀을 구성하고 각 팀원의 역할과 책임을 명확히 분담한다. 이를 통해 평가 당일 모든 팀원이 각자의 역할을 잘 수행할 수 있도록 한다.

| 2. 현장 투어 준비

현장 투어는 평가위원들이 사업의 실제 현장을 둘러보며 평가하는 중요한 시간이다. 철저한 준비를 통해 평가위원들이 사업의 준비 상태를 잘 이해할 수 있도록 한다.

• 투어 경로 계획: 평가위원들이 둘러볼 경로를 사전에 계획하고 각 장소에서 설명할 주요 포인트를 준비한다. 이는 평가위원들이 사업의 핵심 요소를 놓치지 않고 확인할 수 있도록 돕는다.

• 안내 자료 준비: 투어 경로에 따라 필요한 안내 자료를 준비하고

•• 국비공모사업 이렇게 준비하라!

각 장소에서 설명할 내용에 대한 자료를 준비한다. 이를 통해 평가위원들이 시각적으로도 사업의 준비 상태를 이해할 수 있도록 한다.

• 시연 준비: 사업의 주요 프로그램이나 활동을 직접 시연할 수 있도록 준비한다. 이는 평가위원들이 사업의 구체적인 내용을 직접 확인하고 평가할 수 있도록 돕는다.

| 3. 이해관계자와의 협력

현장평가에서 중요한 요소 중 하나는 이해관계자들의 참여와 협력이다. 이를 통해 사업의 타당성과 지역사회의 지지를 증명할 수 있다.

• 이해관계자 초청: 평가 당일 지역 주민, 사업 관련자, 이해관계자들을 초청하여 평가위원들과 만나게 한다. 이를 통해 평가위원들이 직접 이해관계자들의 의견을 들을 수 있도록 한다.

• 인터뷰 준비: 평가위원들이 이해관계자들과 원활하게 인터뷰를 진행할 수 있도록 사전 준비를 한다. 이를 통해 이해관계자들의 지지와 참여도를 강조할 수 있다.

• 협력 관계 증명: 이해관계자들과의 협력 관계를 증명할 수 있는 자료를 준비하고 평가위원들에게 이를 설명한다. 이는 사업의 실행 가능성을 높이는 중요한 요소이다.

| 4. 예상 질문과 답변 준비

평가위원들은 다양한 질문을 통해 사업의 준비 상태와 타당성을 평가한다. 이에 대비해 예상 질문과 답변을 준비하는 것이 중요하다.

• 예상 질문 목록 작성: 평가위원들이 물어볼 수 있는 예상 질문 목록을 작성하고 각 질문에 대한 답변을 준비한다. 이는 질문에 대한 신속하고 정확한 답변을 가능하게 한다.

• 자료 기반 답변 준비: 예상 질문에 대한 답변을 뒷받침할 수 있는 구체적인 자료를 준비한다. 이는 답변의 신뢰성을 높이는 데 도움이 된다.

• 팀원 간 역할 분담: 질문에 대한 답변을 팀원 간에 분담하여 각자가 맡은 질문에 대해 철저히 준비하도록 한다. 이를 통해 모든 질문에 효과적으로 대응할 수 있다.

| 5. 평가 당일 대응

평가 당일에는 예상치 못한 상황이 발생할 수 있다. 이에 대비한 유연한 대응이 필요하다.

• 현장 체크: 평가 당일 현장을 다시 한번 점검하고 모든 준비가 완료되었는지 확인한다. 이는 평가위원들이 원활하게 평가를 진행할 수

• • 국비공모사업 이렇게 준비하라!

있도록 돕는다.

• 비상 상황 대비: 예상치 못한 상황에 대비한 비상 계획을 마련하고 모든 팀원에게 이를 공유한다. 이를 통해 평가 당일 발생할 수 있는 문제를 신속하게 해결할 수 있다.

• 팀원 간 소통 강화: 평가 당일 팀원 간의 원활한 소통을 통해 모든 상황에 신속히 대응할 수 있도록 한다. 이는 평가위원들이 긍정적인 인상을 받을 수 있도록 돕는다.

현장평가는 사업의 타당성과 실현 가능성을 평가받는 중요한 과정이다. 철저한 사전 준비와 유연한 대응을 통해 평가위원들이 긍정적인 인상을 받을 수 있도록 해야 한다. 이를 위해 자료 준비, 현장 정비, 이해관계자와의 협력, 예상 질문과 답변 준비, 평가 당일 대응 등을 체계적으로 준비하고 실행하는 것이 중요하다.

●● 현장평가에서 주체, 지자체의 강력한 의지와 열정을 전달

현장평가에서 평가위원들에게 지자체의 강력한 열정과 의지를 전달하는 것은 매우 중요하다. 이는 사업의 성공 가능성을 높이고 지자체가 사업에 얼마나 진지하게 임하고 있는지를 보여줌으로써 평가위원들에게 긍정적인 인상을 줄 수 있다. 다음은 현장평가에서 지자체의 열정과 의지를 효과적으로 전달하기 위한 전략들이다.

| 1. 명확한 비전과 목표 제시

지자체가 사업을 추진하는 명확한 비전과 목표를 제시함으로써 평가위원들에게 사업의 중요성과 필요성을 강조할 수 있다.

• 비전 선언: 지자체의 비전을 명확히 선언하고 이를 통해 사업이 지역사회에 어떤 긍정적인 변화를 가져올 것인지 설명한다.

• 구체적인 목표 설정: 사업의 구체직인 목표를 설정하고 이를 딜성하기 위한 계획을 상세히 설명한다. 목표는 측정 가능하고 구체적이어야 한다.

| 2. 지도자의 리더십 강조

시장, 군수 등 지자체 지도자의 강력한 리더십을 강조함으로써 지자체가 사업에 대한 열정과 의지를 가지고 있음을 보여준다.

• 지도자의 역할 설명: 지자체 지도자가 사업 추진에 어떤 역할을 하고 있는지, 어떤 지원을 하고 있는지 설명한다. 지도자의 직접적인 참여와 지원은 사업의 중요성을 강조하는 데 효과적이다.

• 지도자의 메시지 전달: 지자체 지도자의 메시지를 평가위원들에게 전달하여 사업에 대한 강한 의지를 표현한다. 이는 지도자의 연설, 영상 메시지 등을 통해 이루어질 수 있다.

| 3. 주민 참여와 지원 강조

지역 주민들의 참여와 지원을 강조함으로써 지자체가 사업을 추진하는 데 있어 주민들과 함께하고 있음을 보여준다.

• 주민 참여 사례 소개: 주민들이 사업에 참여하고 있는 구체적인 사례를 소개한다. 이는 주민들의 지지와 협력을 강조하는 데 효과적이다.

• 주민 의견 수렴 과정 설명: 사업 추진 과정에서 주민들의 의견을 수렴하고 반영한 과정을 설명한다. 이는 지자체가 주민들의 필요와 요구를 중요하게 생각하고 있음을 보여준다.

| 4. 이해관계자와의 협력 강조

사업과 관련된 다양한 이해관계자들과의 협력을 강조하여 지자체가 사업을 성공적으로 추진하기 위해 다양한 협력 체계를 구축하고 있음을 보여준다.

• 협력 네트워크 설명: 지자체가 구축한 협력 네트워크와 그 성과를

설명한다. 이는 사업 추진에 필요한 다양한 자원을 효과적으로 활용하고 있음을 보여준다.

- 이해관계자의 지지와 협력 강조: 사업과 관련된 이해관계자들이 지자체의 사업 추진을 지지하고 협력하고 있음을 강조한다. 이를 통해 사업의 실행 가능성을 높인다.

| 5. 투명성과 책임성 강조

지자체가 사업을 추진하는 과정에서 투명성과 책임성을 강조함으로써 평가위원들에게 신뢰를 줄 수 있다.

- 투명한 정보 공개: 사업 추진 과정과 관련된 정보를 투명하게 공개하고 이를 평가위원들에게 명확히 전달한다. 이는 사업의 신뢰성을 높이는 데 중요하다.

- 책임성 있는 추진 방식 설명: 지자체가 사업을 책임성 있게 추진하고 있음을 설명한다. 이는 사업 추진 과정에서의 문제 해결 방안, 성과 관리 방법 등을 포함한다.

| 6. 성과와 미래 계획 제시

지자체가 이미 이룬 성과와 미래 계획을 제시함으로써 사업의 지속 가능성과 발전 가능성을 강조한다.

• 기존 성과 소개: 지자체가 이전에 추진한 유사 사업의 성과를 소개하고 이를 통해 현재 사업의 성공 가능성을 증명한다.

• 미래 계획 설명: 사업이 성공적으로 추진된 이후의 미래 계획을 설명한다. 이는 사업의 장기적인 비전과 지속 가능성을 강조하는 데 효과적이다.

현장평가에서 지자체의 강력한 열정과 의지를 전달하는 것은 평가위원들에게 사업의 타당성과 성공 가능성을 확신시키는 중요한 요소이다. 이를 위해 명확한 비전과 목표를 제시하고, 지도자의 리더십을 강조하며, 주민 참여와 이해관계자와의 협력을 강조하는 것이 중요하다. 또한, 투명성과 책임성을 강조하고 기존 성과와 미래 계획을 제시함으로써 평가위원들에게 신뢰를 줄 수 있다.

●● 현장평가에서 감동을 불러일으키는 팁

현장평가에서 평가위원들에게 강한 인상을 남기고 감동을 불러일으키기 위해서는 단순히 사업의 준비 상태를 보여주는 것 이상의 노력이 필요하다. 이는 지자체의 열정과 진정성을 전달하고 사업의 가치와 필요성을 심사위원들이 깊이 공감할 수 있도록 하는 데 중점을 두어야 한다. 다음은 현장평가에서 평가위원들을 감동시킬 수 있는 몇 가지 팁이다.

| 1. 진정성 있는 환영과 안내

평가위원들을 진정성 있게 환영하고 평가 과정에서 편안함을 느낄수 있도록 세심하게 배려한다.

• 따뜻한 환영 인사: 현장에 도착하는 순간부터 평가위원들을 따뜻하게 맞이하고 지자체의 진심 어린 환영의 마음을 전달한다.

• 세심한 안내: 현장 투어와 평가 과정에서 평가위원들이 불편함을 느끼지 않도록 세심하게 안내하고, 필요한 정보를 신속하게 제공한다.

| 2. 생생한 현장 경험 제공

사업의 구체적인 내용을 평가위원들이 생생하게 경험할 수 있도록 현장을 준비한다.

• 현장 시연: 사업의 주요 프로그램이나 활동을 실제로 시연하여 평가위원들이 현장을 직접 체험할 수 있도록 한다. 이는 사업의 실현 가능성을 직관적으로 보여주는 데 효과적이다.

• 현장 투어: 사업이 진행될 장소를 둘러보며 각 구역에서의 계획과 준비 상태를 설명한다. 이는 평가위원들이 사업의 전반적인 진행 상황을 명확히 이해하는 데 도움이 된다.

| 3. 성공 사례와 주민 이야기 소개

사업의 필요성과 효과를 강조하기 위해 구체적인 성공 사례와 주민들의 이야기를 소개한다.

• 성공 사례 소개: 유사한 사업의 성공 사례를 구체적으로 소개하여, 현재 추진 중인 사업의 가능성과 효과를 증명한다.

• 주민 이야기 공유: 사업이 지역 주민들에게 미칠 긍정적인 영향을 보여주기 위해 주민들의 이야기를 공유한다. 이는 평가위원들에게 감동을 줄 수 있는 강력한 요소이다.

| 4. 이해관계자의 적극적 참여 강조

지역 주민, 사업 관련자, 이해관계자들이 사업에 적극적으로 참여하고 있음을 강조한다.

• 참여자 소개: 현장에 참석한 주요 이해관계자들을 평가위원들에게 소개하고 이들이 사업에 얼마나 적극적으로 참여하고 있는지 설명한다.

• 의견 교환: 평가위원들과 이해관계자들이 직접 의견을 교환할 수 있는 시간을 마련하여 사업에 대한 다양한 시각을 제공하고 평가위원

들이 사업을 신뢰하도록 한다.

| 5. 현장 분위기 조성

평가위원들이 현장에서 긍정적이고 활기찬 분위기를 느낄 수 있도록 현장을 조성한다.

• 청결하고 정돈된 환경: 현장을 깨끗하고 정돈된 상태로 유지하여 지자체의 준비 상태와 사업에 대한 진지함을 강조한다.

• 활기찬 분위기 연출: 평가위원들이 현장에서 활기차고 긍정적인 에너지를 느낄 수 있도록 분위기를 조성한다. 이는 직원들의 직극적인 태도와 환영의 메시지를 통해 이루어진다.

| 6. 시각적 자료와 멀티미디어 활용

시각적 자료와 멀티미디어를 활용하여 평가위원들이 사업의 내용을 더욱 쉽게 이해하고 기억할 수 있도록 한다.

• 프레젠테이션 자료 준비: 평가위원들에게 제공할 프레젠테이션 자료를 시각적으로 깔끔하고 명확하게 준비한다. 이는 사업의 핵심 내용을 효과적으로 전달하는 데 도움이 된다.

• 영상과 이미지 활용: 사업의 비전과 목표, 진행 상황을 시각적으로 보여줄 수 있는 영상과 이미지를 활용하여 평가위원들의 이해를 돕는다.

| 7. 질의응답 시간의 효과적 활용

질의응답 시간을 통해 평가위원들의 궁금증을 해소하고 사업에 대한 이해도를 높인다.

• 명확하고 간결한 답변: 평가위원들의 질문에 대해 명확하고 간결하게 답변하며 필요한 경우 구체적인 예시와 데이터를 제공한다.

• 추가 자료 제공: 질의응답 시간에 다루지 못한 질문이나 추가 정보가 필요한 부분에 대해서는 별도의 자료를 준비하여 제공한다.

현장평가에서 평가위원들을 감동시키기 위해서는 진정성 있는 환영과 안내, 생생한 현장 경험 제공, 성공 사례와 주민 이야기 소개, 이해관계자의 적극적 참여 강조, 긍정적인 현장 분위기 조성, 시각적 자료와 멀티미디어 활용, 질의응답 시간의 효과적 활용 등이 중요하다. 이러한 요소들을 효과적으로 활용함으로써 평가위원들에게 강한 인상을 남기고 사업의 타당성과 실현 가능성을 성공적으로 전달할 수 있다.

12 지속 가능한 사업으로 지역을 활성화하라!

◉●● 국비공모사업 선정 후를 대비하라!

국비공모사업에 선정되는 것은 지역 발전을 위한 중요한 첫걸음이지만, 선정 후의 준비가 더욱 중요하다. 성공적인 사업 추진을 위해서는 체계적인 계획 수립과 철저한 준비가 필요하다. 국비공모사업 선정 후를 대비하기 위한 주요 전략들을 살펴본다.

| 1. 초기 준비 작업

사업 선정 후 즉시 착수해야 할 초기 준비 작업은 사업의 성공적인 출발을 위한 필수 과정이다.

• 사업계획서 재검토 및 보완: 선정된 사업계획서를 다시 한번 검토하고 필요시 보완 작업을 한다. 이는 사업의 구체적인 실행 계획을 명확히 하고 변경된 사항이나 추가적인 요구사항을 반영하는 과정이다.

• 예산 확정 및 배분 계획 수립: 국비 지원금과 지방비, 민간 자본 등 모든 재원을 확정하고 이를 효율적으로 배분할 계획을 수립한다. 예산 사용 계획은 명확하고 구체적으로 작성하여 예산 낭비를 방지한다.

• 사업팀 구성 및 역할 분담: 사업 추진을 위한 전담팀을 구성하고 각 팀원의 역할과 책임을 명확히 분담한다. 이는 사업의 효율적인 진행을 보장하는 데 중요하다.

| 2. 커뮤니케이션 전략 수립

원활한 사업 진행을 위해서는 내부 및 외부 이해관계자들과의 효과적인 커뮤니케이션 전략이 필요하다.

• 내부 커뮤니케이션 체계 구축: 사업팀 내의 원활한 소통을 위해 정기적인 회의 일정과 보고 체계를 마련한다. 이는 사업 진행 상황을 공유하고 문제 발생 시 신속히 대처할 수 있도록 돕는다.

• 외부 커뮤니케이션 전략 수립: 지역 주민, 관련 기관, 민간 기업 등 외부 이해관계자들과의 소통을 위한 전략을 수립한다. 이를 통해 사업에 대한 지지와 협력을 이끌어낸다.

• 정보 공개 및 투명성 확보: 사업 진행 상황과 성과를 투명하게 공개하여 지역사회의 신뢰를 얻는다. 이는 정기적인 보고서 작성 및 공

개, 온라인 플랫폼 활용 등을 통해 이루어질 수 있다.

| 3. 리스크 관리 계획 수립

사업 추진 과정에서 발생할 수 있는 다양한 리스크를 관리하기 위한 계획을 수립한다.

• 리스크 식별 및 평가: 사업 추진 과정에서 발생할 수 있는 리스크를 사전에 식별하고 이를 평가하여 우선순위를 정한다. 이는 재정적 리스크, 인적 리스크, 환경적 리스크 등을 포함한다.

• 리스크 대응 전략 마련: 식별된 리스크에 대한 대응 전략을 마련하고 리스크 발생 시 신속히 대처할 수 있는 체계를 구축한다. 이는 리스크 발생 시 피해를 최소화하고, 사업의 지속 가능성을 높이는 데 중요하다.

• 정기적인 리스크 점검: 사업 추진 과정에서 정기적으로 리스크를 점검하고 대응 전략을 업데이트한다. 이는 변화하는 상황에 맞춰 신속히 대응할 수 있도록 한다.

| 4. 성과 관리 및 평가 체계 구축

사업의 성과를 체계적으로 관리하고 평가하기 위한 시스템을 구축한다.

• 성과 지표 설정: 사업의 주요 목표와 성과를 측정할 수 있는 구체적인 지표를 설정한다. 이는 정량적 지표와 정성적 지표를 모두 포함할 수 있다.

• 정기적인 성과 평가: 설정된 성과 지표를 바탕으로 정기적으로 사업의 성과를 평가하고 이를 통해 사업의 진행 상황을 점검한다. 성과 평가는 분기별, 반기별로 실시할 수 있다.

• 피드백 및 개선 계획 수립: 성과 평가 결과를 바탕으로 사업의 개선점을 파악하고 이를 반영한 개선 계획을 수립한다. 이는 사업의 지속적인 발전을 도모하는 데 중요하다.

| 5. 주민 참여와 소통 강화

주민들의 적극적인 참여와 소통을 통해 사업의 성공 가능성을 높인다.

• 주민 의견 수렴 체계 구축: 사업 추진 과정에서 주민들의 의견을 수렴하고 반영할 수 있는 체계를 구축한다. 이는 정기적인 주민 설명회, 온라인 의견 수렴 플랫폼 등을 통해 이루어질 수 있다.

• 주민 참여 프로그램 운영: 주민들이 직접 사업에 참여할 수 있는 프로그램을 운영하여, 주민들의 관심과 참여를 유도한다. 이는 주민 교

육 프로그램, 자원봉사 활동 등을 포함할 수 있다.

• 주민과의 소통 강화: 사업 진행 상황과 성과를 주민들과 적극적으로 공유하고 주민들의 이해와 지지를 얻는다. 이는 사업의 성공을 위한 중요한 요소이다.

| 6. 지속 가능한 운영 계획 수립

사업의 지속 가능성을 확보하기 위한 운영 계획을 수립한다.

• 장기 운영 계획 마련: 사업이 종료된 후에도 지속적으로 운영될 수 있는 장기 운영 계획을 마련한다. 이는 운영 예산 확보, 인력 관리, 운영 체계 구축 등을 포함한다.

• 재정 안정성 확보: 사업의 지속적인 운영을 위해 안정적인 재정을 확보한다. 이는 국비 지원 외에도 지방비, 민간 후원, 자체 수익 창출 등을 통해 이루어질 수 있다.

• 지속 가능한 발전 모델 구축: 사업이 지역사회에 지속 가능한 발전을 가져올 수 있는 모델을 구축한다. 이는 환경 보호, 사회적 책임, 경제적 지속 가능성을 모두 고려한 모델이어야 한다.

국비공모사업 선정 후의 준비는 사업의 성공적인 추진을 위해 매우 중요하다. 초기 준비 작업, 커뮤니케이션 전략 수립, 리스크 관리 계획 수립, 성과 관리 및 평가 체계 구축, 주민 참여와 소통 강화, 지속 가능한 운영 계획 수립 등을 통해 체계적으로 준비하고 대응해야 한다.

●●● 국비공모사업 선정 후 사업 실패의 후유증

국비공모사업에 선정된 이후 사업이 실패하는 경우, 이는 지역사회와 지자체에 다양한 부정적인 영향을 미칠 수 있다. 사업 실패는 재정적인 손실뿐만 아니라 지역 주민들의 신뢰 저하, 자원의 낭비, 장기적인 발전에 부정적인 영향을 미칠 수 있다. 사업 실패의 후유증을 살펴보고 이를 최소화하기 위한 전략들을 살펴본다.

| 1. 재정적 손실

사업 실패는 지자체와 관련 기관에 큰 재정적 손실을 초래할 수 있다.

• 예산 낭비: 사업 추진을 위해 사용된 예산이 회수되지 않거나 효과적으로 사용되지 못한 경우, 이는 큰 재정적 부담으로 작용할 수 있다.

• 추가 비용 발생: 사업 실패로 인해 발생하는 추가 비용(재정 관리, 손실 보전 등)은 지자체의 예산을 더욱 악화시킬 수 있다.

| 2. 지역 주민의 신뢰 저하

사업 실패는 지역 주민들의 신뢰를 크게 저하시킬 수 있다.

• 신뢰 상실: 주민들은 지자체와 공공기관에 대한 신뢰를 잃을 수 있으며, 이는 향후 사업 추진 시 주민들의 협력과 참여를 얻는 데 어려움을 초래할 수 있다.

• 사회적 불만 증가: 실패한 사업으로 인해 주민들의 불만과 반발이 증가할 수 있으며, 이는 지역사회의 분열과 갈등을 초래할 수 있다.

| 3. 자원의 낭비

사업 실패는 인적, 물적, 시간적 자원의 낭비를 초래할 수 있다.

• 인적 자원 낭비: 사업을 위해 투입된 인력과 그들의 노력은 무용지물이 될 수 있으며, 이는 인적 자원의 낭비로 이어진다.

• 물적 자원 낭비: 사업 추진을 위해 사용된 물적 자원(시설, 장비 등)이 효과적으로 활용되지 못하고 방치될 수 있다.

- 시간적 자원 낭비: 사업 준비와 실행을 위해 투입된 시간과 노력이 낭비되며, 이는 다른 중요한 과업에 투자될 수 있었던 시간을 잃게 한다.

| 4. 지자체의 신뢰도와 평판 저하

사업 실패는 지자체의 신뢰도와 평판을 크게 저하시킬 수 있다.

- 신뢰도 저하: 지자체가 추진하는 다른 사업이나 정책에 대한 신뢰도가 낮아질 수 있으며, 이는 전반적인 행정 효율성에 부정적인 영향을 미칠 수 있다.

- 평판 저하: 사업 실패로 인해 지자체의 평판이 저하되며, 이는 향후 국비공모사업 또는 다른 외부 자금 조달 시 불이익을 초래할 수 있다.

| 5. 장기적인 지역 발전에 부정적 영향

사업 실패는 지역의 장기적인 발전에 부정적인 영향을 미칠 수 있다.

- 경제적 발전 저해: 실패한 사업으로 인해 지역경제가 성장할 기회를 놓치게 되며, 이는 장기적인 경제 발전을 저해할 수 있다.

- 사회적 발전 저해: 주민들의 삶의 질 향상과 사회적 통합을 도모하는 기회가 사라지며, 이는 사회적 발전을 저해할 수 있다.

| 6. 사업 실패의 원인 분석 및 개선 방안 마련

사업 실패의 후유증을 최소화하고, 향후 유사한 실패를 방지하기 위해서는 실패 원인을 철저히 분석하고 개선 방안을 마련하는 것이 중요하다.

• 실패 원인 분석: 사업 실패의 원인을 면밀히 분석하여, 재정적 문제, 인적 자원 관리 문제, 운영 관리 문제 등을 파악한다.

• 개선 방안 마련: 분석된 실패 원인을 바탕으로, 문제를 해결하고 향후 유사한 실패를 방지하기 위한 구체적인 개선 방안을 마련한다.

• 지속적인 모니터링과 피드백: 사업 진행 과정에서 지속적으로 모니터링하고, 피드백을 반영하여 사업을 개선하고 발전시킨다.

국비공모사업 선정 후 사업이 실패할 경우, 이는 지자체와 지역사회에 큰 부정적인 영향을 미칠 수 있다. 재정적 손실, 주민 신뢰 저하, 자원 낭비, 지자체의 신뢰도와 평판 저하, 장기적인 지역 발전 저해 등이 주요 후유증이다. 이를 최소화하기 위해서는 사업 실패의 원인을 철저히 분석하고, 개선 방안을 마련하며, 지속적인 모니터링과 피드백을 통해 사업을 개선해 나가는 노력이 필요하다.

▒●● 지속 가능한 사업 중심의 국비공모사업 도전

지속 가능한 사업은 장기적으로 지역사회와 경제에 긍정적인 영향을 미치며, 일회성 성과에 그치지 않는다는 점에서 중요하다. 지속 가능한 국비공모사업에 도전하는 것은 지역의 지속 가능성을 높이고, 주민들의 삶의 질을 향상시키며, 경제 성장을 동시에 도모하는 전략이다. 이를 위해 체계적인 환경 분석을 통한 사업 타당성 검증, 성과 중심의 사업계획 수립, 지속 가능한 사업모델과 거버넌스 구축 등을 포함한 전략이 필요하다.

| 1. 지속 가능한 목표 설정

지속 가능한 사업을 추진하기 위해서는 명확하고 구체적인 목표를 설정하는 것이 중요하다.

• 장기적인 비전 수립: 사업의 장기적인 비전과 목표를 설정하고 이를 통해 지역의 지속 가능한 발전을 도모한다. 이는 경제, 사회 측면에서 균형 잡힌 발전을 목표로 해야 한다.

• 구체적이고 측정 가능한 목표 설정: 사업 목표는 구체적이고 측정 가능해야 하며, 이를 통해 성과를 평가하고 지속적인 개선을 도모할 수 있어야 한다.

| 2. 지역 자원과 특성 활용

지역의 고유한 자원과 특성을 최대한 활용하여 지속 가능한 사업을 추진한다.

• 지역 자원의 활용: 지역 내 자연 자원, 인적 자원, 문화 자원 등을 활용하여 사업을 추진한다. 이는 지역의 고유성을 살리고 자원의 지속 가능한 활용을 도모하는 데 중요하다.

• 특화 산업 육성: 지역의 특화된 산업을 육성하여 경제적 지속 가능성을 높인다. 이는 지역경제의 경쟁력을 강화하고 일자리 창출과 소득 증대를 도모할 수 있다.

| 3. 체계적인 환경 분석을 통한 사업 타당성 검증

사업 타당성을 검증하기 위해 체계적인 환경 분석을 실시하고, 이를 바탕으로 사업의 타당성을 평가한다.

• 내부 환경 분석: 사업 추진을 위한 내부 역량, 자원, 조직 구조 등을 분석하여 사업의 준비 상태와 실행 가능성을 평가한다.

• 외부 환경 분석: 사업에 영향을 미치는 외부 요인(정책, 경제, 사회, 기술 등)을 분석하여 사업의 외부 환경과 시장 상황을 평가한다.

•SWOT 분석: 내부 및 외부 환경 분석을 통해 사업의 강점, 약점, 기회, 위협을 종합적으로 평가하는 SWOT 분석을 실시하여 사업의 타당성을 검증한다.

| 4. 성과 중심의 사업계획 수립

성과 중심의 사업계획을 수립하여 명확한 목표와 성과 지표를 설정하고, 이를 달성하기 위한 구체적인 계획을 마련한다.

•성과 지표 설정: 사업의 주요 목표와 성과를 측정할 수 있는 구체적인 지표를 설정한다. 이는 정량적 지표와 정성적 지표를 모두 포함할 수 있다.

•구체적인 실행 계획 마련: 설정된 성과 지표를 달성하기 위한 구체적인 실행 계획을 마련한다. 이는 세부적인 활동 계획, 일정, 책임자 등을 포함하여 체계적으로 구성해야 한다.

•정기적인 성과 평가: 설정된 성과 지표를 바탕으로 정기적으로 사업의 성과를 평가하고, 이를 통해 사업의 진행 상황을 점검한다. 성과 평가는 분기별, 반기별로 실시할 수 있다.

•피드백 및 개선 계획 수립: 성과 평가 결과를 바탕으로 사업의 개선점을 파악하고, 이를 반영한 개선 계획을 수립한다. 이는 사업의 지속적인 발전을 도모하는 데 중요하다.

| 5. 주민 참여와 협력 강화

지속 가능한 사업을 추진하기 위해서는 주민들의 참여와 협력이 필수적이다.

• 주민 참여 구조 구축: 사업 추진 과정에서 주민들이 적극적으로 참여할 수 있는 구조를 구축한다. 이는 주민들의 의견을 수렴하고, 사업에 대한 지지와 협력을 이끌어내는 데 중요하다.

• 지속적인 소통과 피드백: 주민들과의 지속적인 소통과 피드백을 통해 사업을 개선하고 발전시킨다. 이는 주민들이 사업을 신뢰하고 적극적으로 협력할 수 있도록 한다.

| 6. 지속 가능한 사업모델과 거버넌스 구축

사업의 지속 가능성을 높이기 위해서는 체계적이고 효율적인 사업모델과 거버넌스 구조를 구축하는 것이 중요하다.

• 지속 가능한 사업모델 개발: 장기적인 수익 창출과 재투자를 통해 사업이 지속적으로 발전할 수 있는 비즈니스 모델을 개발한다. 이는 수익 구조, 비용 절감 방안, 재투자 전략 등을 포함한다.

• 투명한 의사결정 구조: 투명하고 민주적인 의사결정 구조를 마련하여 모든 이해관계자가 사업 추진 과정에 참여할 수 있도록 한다. 이

는 신뢰성과 협력성을 높이는 데 기여한다.

• 책임과 권한의 명확한 분배: 각 참여자의 역할과 책임을 명확히 분배하여 효율적인 사업 추진을 도모한다. 이는 조직 내 혼선을 줄이고 신속한 의사결정을 가능하게 한다.

• 지속적인 모니터링과 평가: 사업 추진 과정에서 지속적인 모니터링과 평가를 통해 사업의 진행 상황을 점검하고 필요시 조정할 수 있는 체계를 구축한다.

| 7. 협력 네트워크 구축

지속 가능한 사업을 추진하기 위해서는 다양한 이해관계자들과의 협력 네트워크를 구축하는 것이 중요하다.

• 공공기관과의 협력: 정부 기관, 지방자치단체 등 공공기관과의 협력을 통해 정책적 지원과 자원을 확보한다. 이는 사업 추진의 안정성을 높이는 데 기여한다.

• 민간 기업과의 협력: 민간 기업과의 협력을 통해 기술적 지원과 자본을 확보한다. 이는 사업의 혁신성과 실행 가능성을 높이는 데 중요하다.

• 전문가와의 협력: 관련 분야의 전문가들과 협력하여 사업의 전문성을 강화하고 효과적인 추진 전략을 마련한다. 이는 사업의 성공 가능성을 높이는 중요한 요소이다.

지속 가능한 사업 중심의 국비공모사업 도전은 지역의 장기적인 발전과 주민들의 삶의 질 향상을 위해 필수적이다. 지속 가능한 목표 설정, 지역 자원과 특성 활용, 체계적인 환경 분석을 통한 사업 타당성 검증, 성과 중심의 사업계획 수립, 주민 참여와 협력 강화, 지속 가능한 사업모델과 거버넌스 구축, 협력 네트워크 구축 등을 통해 지자체는 지속 가능한 사업을 성공적으로 추진할 수 있다.

●● 지속 가능한 사업으로 지역 활성화를 도모하라!

국비공모사업은 지역 발전과 활성화를 위한 중요한 재정적 지원을 제공하는 핵심 도구이다. 지역사회가 직면한 다양한 도전과제를 해결하고, 주민들의 삶의 질을 향상시키며, 지역경제를 활성화하는 데 있어 국비공모사업의 중요성은 매우 크다. 이 책은 그러한 국비공모사업을 통해 지속 가능한 지역 발전을 이루기 위한 전략과 접근 방법을 제시한다.

| 국비공모사업의 중요성

국비공모사업은 지역사회가 직면한 문제를 해결하고, 새로운 기회를 창출하는 데 필요한 재원을 제공한다. 이 재원은 단순히 자금 지원에 그치지 않고, 지역의 지속 가능한 발전을 위한 다양한 사업을 가능하게 하는 것이다. 국비공모사업을 통해 지역의 인프라를 개선하고, 교육과 복지 서비스를 강화하며 경제적 기회를 창출할 수 있다. 이러한 사업들은 지역경제의 활력제는 물론 지역 주민들의 삶의 질을 향상시키고 장기적인 지역 발전의 기초를 다지는 데 필요한 인프라를 구축할 수 있게 한다.

| 지자체의 전략적인 준비와 대응

국비공모사업의 성공 여부는 지자체의 전략적인 준비와 대응에 달려 있다. 지자체는 사업의 타당성을 입증하고, 효과적인 사업 계획을 수립하며 주민들과의 협력을 통해 사업의 실행 가능성을 높여야 한다. 이를 위해 체계적인 환경 분석과 철저한 준비가 중요하다. 지역 자원과 특성을 고려한 사업계획 수립, 다양한 이해관계자와의 협력 네트워크 구축, 지속 가능한 운영모델 개발 등이 지자체의 성공적인 사업 추진을 위해 필수적이다.

| 실질적이고 지역 활성화에 도움이 되는 공모사업 준비

　성공적인 국비공모사업을 위해서는 실질적이고 지역 활성화에 직접적인 도움이 되는 사업을 준비하는 것이 중요하다. 이는 지역의 구체적인 필요와 문제를 해결할 수 있는 사업을 발굴하고, 이를 실현 가능한 계획으로 구체화하는 것을 의미한다. 지역 주민들의 참여를 유도하고 그들의 의견을 반영하는 과정도 중요하다. 주민들이 체감할 수 있는 성과를 내는 것이 궁극적인 목표이기 때문이다. 따라서, 사업계획은 구체적이고 실행 가능하며 측정 가능한 목표와 성과 지표를 포함해야 한다.

| 전략적 재원 활용의 중요성

　이 책은 지역 활성화를 위해 국비공모사업의 재원을 전략적으로 활용하는 방법을 제시한다. 국비 지원금은 한정된 자원이므로 이를 최대한 효과적으로 사용하기 위해서는 철저한 계획과 관리가 필요하다. 재원을 효율적으로 배분하고, 각 사업의 성과를 지속적으로 모니터링하며, 필요시 조정을 통해 최적의 결과를 도출하는 것이 중요하다. 또한, 국비 지원금 외에도 지방비, 민간 자본 등 다양한 재원을 조달하여 종합적인 자금 활용 전략을 마련해야 한다.

| 미래를 향한 지속 가능한 지역 활성화

지속 가능한 지역 활성화를 이루기 위해서는 장기적이고 전략적인 관점에서 접근해야 한다. 이는 단순히 현재의 문제를 해결하는 것을 넘어서 미래의 발전 가능성을 고려한 사업을 추진하는 것을 의미한다. 국비공모사업을 통해 지역사회의 지속 가능한 발전을 도모하고 주민들의 삶의 질을 향상시키는 것은 미래를 위한 중요한 투자이다.

마지막으로 이 책을 통해 제시된 다양한 전략과 접근 방법이 지역 발전을 위한 실질적인 도구로 활용되길 기대해 본다. 지자체와 공공기관, 민간사업의 주체와 기업, 주민들이 함께 협력하여 더 나은 지역사회를 만들어 나가길 기대한다. 지방소멸 위기 속에서 지역의 지속 가능한 발전을 이루기 위해서는 끊임없는 노력과 협력이 필요하며, 이를 통해 모든 지역이 더욱 밝고 희망찬 미래를 향해 나아갈 수 있을 것이다. 지속 가능한 지역 활성화를 도모하라는 목표 아래 각 지자체는 국비공모사업을 전략적으로 활용하여 지역 발전과 주민 복지 향상을 이루어야 할 것이다. 그 과정에 이 책이 자그마한 길잡이 역할을 할 수 있길 기대해 본다.

이 책을 마무리하면서 전국의 지자체와 공공기관 담당자들이 국비공모사업에 체계적으로 접근하고 성공적인 결과를 이루길 바라는 마음을 전하고 싶다. 필자는 20년 이상 지자체의 수많은 연구용역과 컨설팅, 강의를 통해 지역 발전의 중요한 기로에 서 있는 그들의 노력을 직접 목격했다. 공무원들의 열정적인 노력과 고군분투는 우리 사회가 직면한 인구소멸과 지방소멸의 위기를 극복하고, 로컬 활성화를 이끄는 데 중요한 역할을 하고 있다.

이 책은 단순히 이론서에 그치지 않고, 필자가 현장에서 얻은 실무적 경험과 노하우를 기반으로 작성되었다. 현장의 공무원들이 공모사업을 준비하면서 겪는 어려움은 생각보다 더 넓고 깊을 것이다. 제한된 인력과 자원 속에서 최선을 다해 지역 주민들의 삶의 질을 개선하고, 지역 경제에 활력을 불어넣기 위해 애쓰는 그들의 노력이 결실을 맺을 수 있도록 돕는 것이 이 책과 필자의 사명이다.

국비공모사업은 단순한 예산 확보를 넘어 지역의 미래를 결정짓는 중요한 기회다. 각 지자체의 특성과 잠재력을 발굴하여 중앙정부의 정책 방향과 일치하는 사업을 제안하고, 이를 통해 지속 가능한 발전을 도모하는 것이 필요하다. 필자는 이 책을 통해 지자체들이 이러한 과제를 전략적으로 해결할 수 있는 길을 찾기를 기대해 본다.

지자체 공무원들을 대상으로 한 연구용역과 컨설팅을 통해 국비공모사업에 대한 철저한 준비와 전략적 접근이 얼마나 중요한지 체감했다. 성공적인 공모사업은 지역경제의 활력을 되찾고, 주민들의 삶의 질을 획기적으로 개선할 기회를 제공한다. 특히, 인구 감소와 지방소멸이라는 위기에 처한 지역일수록 이 기회를 어떻게 활용하느냐에 따라 지역 주민의 삶의 질과 미래가 달라질 수 있다.

마지막으로, 이 책이 지역이 직면한 도전과제를 극복하고, 새로운 성장의 기회를 창출하는 데 작은 역할을 할 수 있기를 희망한다. 지방과 인구소멸 위기 앞에서도 절대 좌절하지 않고 도전하는 모든 이들에게 이 책이 길잡이가 되기를 기대해본다.

국비공모전문가 **김용한**

디지털과 AI 시대 - 지자체 국비(정책)공모사업 성공을 위한 실전 지침서

국비공모사업 이렇게 준비하라!

초판 1쇄   2024년 10월 10일

지은이   김용한
발행인   김재홍
교정/교열   김혜린
디자인   박효은
마케팅   이연실

발행처   도서출판지식공감
등록번호   제2019-000164호
주소   서울특별시 영등포구 경인로82길 3-4 센터플러스 1117호(문래동1가)
전화   02-3141-2700
팩스   02-322-3089
홈페이지   www.bookdaum.com
이메일   jisikwon@naver.com

가격   23,000원
ISBN   979-11-5622-897-4 13320